中国特色社会主义与政府治理现代化

国家行政学院 中国特色社会主义理论体系研究中心
政治学教研部 编

国家行政学院出版社

图书在版编目(CIP)数据

中国特色社会主义与政府治理现代化/国家行政学院中国特色社会主义理论体系研究中心,国家行政学院政治学教研部编.—北京 :国家行政学院出版社,2014

ISBN 978-7-5150-1235-3

Ⅰ.①中… Ⅱ.①国…②国… Ⅲ.①中国特色社会主义—研究②国家行政机关—行政管理—研究—中国 Ⅳ.①D61②D630.1

中国版本图书馆 CIP 数据核字(2014)第 165659 号

书　　名	中国特色社会主义与政府治理现代化
作　　者	国家行政学院中国特色社会主义理论体系研究中心 国家行政学院政治学教研部　编
责任编辑	陈　科
出版发行	国家行政学院出版社 (北京市海淀区长春桥路 6 号　100089) (010)68920640　68929037 http://cbs.nsa.gov.cn
经　　销	新华书店
印　　刷	北京京华虎彩印刷有限公司
版　　次	2014 年 12 月北京第 1 版
印　　次	2014 年 12 月北京第 1 次印刷
开　　本	787 毫米×1092 毫米　16 开
印　　张	10.75
字　　数	193 千字
书　　号	ISBN 978-7-5150-1235-3
定　　价	36.00 元

研究国家治理要关注的几个问题（代序）

杨文明[*]

党的十八届三中全会从治国理政的高度，提出推进国家治理体系和治理能力现代化的重大命题。在国家治理概念提出之前，治理的理论已经在社会科学领域特别是政治学和公共管理学领域被广泛运用。与治理理论以社会为中心和出发点来探讨国家和政府职能不同，国家治理将治理纳入并提升到整个国家转型、改革、发展的视野高度，强调国家在转型社会中发挥主导作用的重要性，将政党、政府、市场和社会等力量统筹到国家治理体系和治理能力框架内，这是对治理理论的创新和提升。理解和把握国家治理的政治性、历史性、阶段性、系统性和合法性，对于研究和推进国家治理体系和治理能力现代化具有重要意义。

一、国家治理的政治性

治理本身就是一个政治概念，国家治理更是一种政治活动和政治行为。因此，首先要从政治的高度、用政治的眼光来看待国家治理，立足国际、国内两个政治的大局来开展国家治理。

国家治理的阶级属性。国家是经济上占统治地位的阶级进行阶级统治的工具，阶级性是国家的根本属性。国家治理相比统治而言，尽管更加突出社会属性的一面，但决不能因为强调社会性而否定或淡化阶级性。只要国家还没有消亡，不管是统治还是治理的阶级性就不可能消失。近二三十年来，西方国家在治理方面有一些做法和经验对缓和阶级矛盾、维护统治秩序是有利的，但我们不能忘记其最终

* 杨文明：国家行政学院纪委书记、机关党委书记、中国特色社会主义理论体系研究中心主任。

维护的是谁的统治,代表的是谁的利益。西方的治理模式也许是适合和符合它们的经济基础、阶级属性的,但我们国家的性质,决定了我们不能照搬照抄它们的治理模式,更不能成为他人的试验场。

国家治理的疆域和国界。作为治理理论的延伸,全球治理是顺应全球化、多极化趋势而提出的旨在对全球事务进行共同管理的理论,在理论和实践上具有积极意义。但全球治理是以国家治理为基础的,在可预期的相当长时间内都不可能代替国家治理而存在。任何国家都要将维护本国的主权和领土完整、经济和政治安全、基本秩序和稳定、历史和文明传承等问题放在治理的首位。特别要防止西方利用其在全球治理话语体系和规则制定中占得的先机和优势,借助推进经济全球化、维护全球安全、保护生态环境、保障人权等活动对他国进行渗透和演变,确立和维护有利于它们的不公正合理的国际秩序,这是我们坚决反对的。

国家治理的制度模式选择。我们治理的是一个社会主义国家,是中国特色社会主义国家,而不是别的什么主义,别的社会制度下的国家,这是与其他国家治理相比方向性、根本性的区别。我们推进国家治理体系和治理能力现代化的根本前提是坚持中国特色社会主义,根本目的是完善和发展中国特色社会主义。如果我们的治理体系和治理能力现代化了,但却丢掉了中国特色社会主义,不管是走回头路,丢掉了中国特色;还是搞成了资本主义,丢掉了社会主义,那都是失败。

二、国家治理的历史性

不管哪个国家的治理,都不仅仅是现实性的问题,还应考虑到历史渊源和历史延续性。这就要求有历史的眼光、历史的纵深,用历史唯物主义的观点来指导国家治理的理论与实践。

国家治理必须符合历史发展的规律。生产力决定生产关系,经济基础决定上层建筑,国家治理体系和治理能力作为生产关系和上层建筑的重要反映,归根到底是由生产力决定的,也必然受到一定的生产力水平的制约。为什么那些贫穷落后的国家治理水平高不到哪去? 根本原因是生产力水平太低,所以它的思想意识、治理体系和治理能力也都上不去。这是个规律性的东西,是不可逾越的。国家治理承认历史发展的规律性,就必须坚持大力发展社会生产力,为国家治理现代化提供坚实的物质基础。没有高度的物质文明做基础,先进的意识形态、思想境界、治理体系和治理能力都无法持久实现。

中国的国家治理思想源远流长、博大精深。我国几千年前即有治理国家、治理政务等有关治国理政的思想和论述，比如老子“治大国如烹小鲜”的治理思想，包括以正治国、无为而治，等等，就很好地反映了国家治理应当秉持的理念和精神，闪烁着哲学智慧的光辉，对于当今国家治理都有着重要的启示。我国几千年漫长的封建统治中，也不乏卓越的治理实践。我们应当认真总结吸收我国历史文化中的治国理政精髓，从深厚的历史底蕴和丰富的思想文化中汲取营养，而不要迷信西方的治理神话，更不要把国家治理局限在西方的治理理论、模式和话语体系里面，认为符合它们的才是所谓治理。

中国特色的国家治理是中国近现代历史决定的。一个国家选择什么样的治理体系和治理模式，与这个国家的历史传承有很大关系。我们不能选择自己国家的历史，但必须承认和尊重自己的历史；我们不能选择国家的历史，但可以选择国家治理的方式。有些人宣扬历史虚无主义，否定我们党领导革命的历史功绩，否定中国选择走社会主义道路的历史必然性，是唯心主义的历史观，危害极大。我们之所以走上社会主义道路，之所以从传统社会主义走向中国特色社会主义，之所以要坚持和维护中国共产党的领导，都不是偶然的，是由我们自身的历史决定的，是经过正反两方面实践的检验、经过反复比较尝试、付出无数代价换来的，既是历史的选择，也是中国人民选择的结果，决不能放弃。

三、国家治理的阶段性

任何国家的治理，既是处在历史长河中，也都有一个既定的阶段，都应当与既定阶段的经济社会发展水平相符合、相适应。就像人生一样，是有阶段性的，既不能用成人的标准要求孩子，也不能停留在孩子的阶段看待成人。推进国家治理，既不能超前，也不应滞后，特别是要防止超前。

国家治理不能急于求成。任何一个国家包括西方资本主义国家，实现治理现代化都要经历一个长期的过程，治理社会主义国家这样的新生事物更是如此。无论是苏联还是中国，在超前的意识形态、上层建筑与落后的生产力、经济基础存在巨大差距的情况下，在落后的生产力水平与人民物质生活需求之间存在很大矛盾的情况下，国家和社会治理很难进行，很难稳定。特别是在全球化、网络化时代，西方的示范效应也给我们推进国家治理增加了很大压力。苏联和中国对建设和治理社会主义国家的历史阶段性问题都曾认识得不深，都犯了急于求成的毛病。国家治理的适当先行能够在一定程度上带动生产力的发展，但如果过于超前，就会失去对生产力的带动意义，甚至还会起破坏作用。

中国的国家治理必须从社会主义初级阶段的具体实际出发。经过30多年改革发展，尽管我国取得了举世瞩目的成就，但很多问题仍然没有得到根本性解决。因此，我们一定要保持头脑冷静，在宏观上、战略上牢牢把握社会主义初级阶段这一历史定位不动摇。同时，认真分析与三十年前不同的、符合当前实际的具体阶段性特征，据以制定正确的发展策略和政策，还要纠正舆论宣传中的一些错误偏向，引导人们克服浮躁情绪、调整期望诉求，使之与现阶段国情特点，与国家和政府满足社会需求的能力相适应。

现阶段中国的国家治理必须加大向地方放权，因地制宜。我国区域发展不平衡问题比较严重，发展差别明显，就像一辆列车一样，车头已全面实现小康，车尾还停留在很不发达的阶段。中央应当进一步放权给地方，给予地方更大的自主权，使其从当地实际出发来制定具体政策和进行改革探索。东部发达地区特别是大城市，市场和社会力量参与治理和自治的条件更为成熟，应该在探索治理现代化方面走在前面，提供经验；而其他地区则应加快培育市场和社会力量成长，同时借助后发优势，学习和运用与自身发展阶段相比适度超前的治理经验，缩短发展和赶超过程。

四、国家治理的系统性

与过去传统的、简单的管理模式不同，国家治理更强调治理领域、治理主体、治理方式、治理过程的全面性、综合性、协同性及系统性，更注重统筹推进、协调发展，需要用系统论的方法来推进。

国家治理是一项整体的、系统的工程。国家治理体系包括经济、政治、社会、文化、生态环境等各个领域的治理方略。治理主体不仅包括传统的政府及部门，还包括企业、市场、社会和民众等多元主体，强调政府、私营部门和非营利组织等公私部门的合作，增强社会参与度和社会活力。治理方式不再仅仅依靠强制性的行政手段和公权力起作用，而越来越多地依靠法律、市场等机制和手段综合配套，更加注重程序化、制度化、规范化，更加文明和更具有科技含量。治理过程不仅是自上而下的发号施令，还可能是自下而上发起的自治，上下左右网络式的互动、联动过程，更加包容、民主、开放和透明。

国家治理内在地包含治理体系和治理能力。治理体系和治理能力二者相辅相成，单靠哪一个治理国家都不行。其中，治理体系是基础，治理体系搭建好了，治理能力才能提高；治理能力是保证，治理能力提高了，治理体系才能充分发挥作用。

要高度重视治理体系和治理能力的配套，一方面要以制度建设为着力点，加强体制机制和制度创新，破除制度障碍，完善制度体系，为国家治理提供全局性、长期性和稳定性的制度保障；另一方面要增强按制度办事的意识，提高运用制度治理国家的能力，这样才能使能力与制度相配套，把制度优势转化为治理国家的效能，把社会主义制度的优越性更充分地发挥出来。

国家治理更应注重顶层设计。推进国家治理体系和治理能力现代化不同于过去分领域、分重点各自为政的局部改革，需要秉持高瞻远瞩的战略眼光和总体的改革发展战略进行通盘考虑和统筹规划，需要对改革的目标、阶段、条件、困难和前景等有着清醒的认识和设计。对此，既要一如既往地鼓励地方特别是基层发挥首创精神，根据当地实际广泛开展治理探索和创新，总结推广，推动国家层面的制度变迁；又应注重顶层设计，按照系统性要求统筹谋划改革与发展，正确认识和妥善处理各种关系，认真考虑和合理兼顾各方面的利益要求，使各个环节、各个方面相互协调和促进，最大限度地凝聚推动改革和治理的正能量。

五、国家治理的合法性

任何国家治理都要解决有效性和合法性两个基本问题。有效性旨在解决治理失效和治理失灵，合法性旨在获得政治正当和社会认同。有效性可以积累合法性，但不能完全构成合法性，关键还需要治理的法制化、程序化和民主化。

国家治理的法制化。衡量国家治理现代化的一个重要标志就是制度化，特别是将相关制度上升为法律，严格按照法律来治理国家，实现治理的法制化，这是国家治理合法性的直接来源。法律是社会主体的共同意志和我们党的正确主张的集中体现。要在党的领导下，推进科学立法、严格执法、公正司法和全民守法，坚持依法治国、依法执政、依法行政、依法办事，建设法治国家、法治政府、法治社会。包括党在内的一切国家治理主体都必须在宪法和法律的范围内活动，都不得有超越宪法和法律的特权。

国家治理的程序化。程序正义是确保治理合法性的一个重要原则。现代国家完善的法治与公正的程序是不可分割的，任何良好的法律包括制度都要通过一套正当的程序才能得到良好的运作，才能体现出其应有的价值。在国家治理种种具体的治理活动中，首先要建章立制，将治理行为制度化、规范化、程序化，特别要注重程序的合理、公正和公开，用有效的程序确保制度的落实。有了制度和程序后，一定要严格按照制度和程序办事，加大对不按程序办事行为的监督和纠正。从结果来看,按程序办事可能不是最便捷和最高效的,但它却能保证结果的相对公正和治理效果的相对优化。

国家治理的民主化。国家治理合法性还有一个重要来源就是民主。在社会主义国家,人民是国家的主人和治理国家的依靠力量,人民的拥护和支持是我们国家治理合法性的最终来源。要相信人民,发动人民参与治理,提高人民自我治理的意识和能力;保障和落实人民的各项民主权利,确保国家治理的决策和行为顺应民意,符合人民的整体和长远利益,并处于人民的监督和制约之下;保护和激励广大人民参与治理的积极性、主动性和创造性,让人民真正成为治理的主体,真正做到当家做主;建立健全让人民评价治理结果和效果的制度机制,实现治理效果由人民评判,治理结果让人民满意。

目　录

中国梦与政府治理现代化

范 文*

习近平同志关于实现中华民族伟大复兴的“中国梦”的重要论述，为全国人民达成共识，凝聚力量，共同推进中国特色社会主义事业提供了强大的精神力量。党的十八届三中全会提出了全面深化改革的总目标是“完善和发展中国特色社会主义制度，推进国家治理体系和治理能力现代化”，政府治理是国家治理的重要组成部分，政府治理现代化是国家治理体系和治理能力现代化的重要内容之一。研究如何以中国梦引领政府治理现代化，具有重要的理论与实践意义。

一、实现中华民族伟大复兴中国梦的宏伟目标提出了推进政府治理现代化的重要任务

国家梦，反映着一个国家发展的主导理想和价值追求，构成了国家崛起的精神动力。中国梦的核心内涵是指中华民族的伟大复兴，基本内涵体现为国家富强、民族振兴、人民幸福、造福世界等多个方面。中国梦的提出具有重要意义，实现中华民族伟大复兴是近代以来中华民族的夙愿，提出中国梦这一理念，有助于中华文明的传承。中国梦是中华民族最大公约数，有助于凝聚社会共识。中国梦与世界人民的美好梦想相通，有助于借鉴国外发展的经验和教训，彰显中国和平发展的国际形象。从主要内容上看，中国梦提出了“两个百年目标”：到中国共产党成立 100 年时全面建成小康社会，到新中国成立 100 年时建成富强民主文明和谐的社会主义现代化国家。中国梦为中国的未来发展指明了方向，给人以信心和力量。要实现中国梦就必须推进政府治理现代化，因为政府治理现代化将为实现中国梦提供重要的政治保证。改革开放以来，我国的政府治理从总体上看是基本适合经济社会发展要求的。但是与实现中国梦的需要相比，还存在不少问题。

* 范文：国家行政学院政治学教研部主任，教授。

当前，我国正处于全面建成小康社会的关键时期，现行政府治理却仍然存在一些不相适应的方面。例如，政府职能转变还不到位，公共服务仍比较薄弱；人浮于事，效率不高的问题仍比较突出；对政府权力的监督制约机制还不完善，滥用职权、以权谋私、贪污腐败等现象仍然存在，等等。这些问题直接影响政府全面正确履行职能，在一定程度上制约经济社会发展。所以，推进政府治理现代化势在必行。政府治理现代化主要是指从传统统治型政府管理向现代公共服务型政府治理转变的历史进程，主要包括政府治理理念、治理体系、治理能力、治理方式的现代化等方面。预定全面建成小康社会的时间已经邻近，怎么样才能够把全面建成小康社会的目标完成得更好，要列为政府工作的重大课题，细化为政府工作的责任表和路线图，需要从中国梦的“两个百年”目标出发，强化政府使命和责任。

二、实现中国梦必须走中国道路，这就要在坚持中国特色社会主义政治方向的基础上，全面深化行政体制改革

实现中国梦必须走中国道路，这就是中国特色社会主义道路。人民不仅有物质文明、精神文明、生态文明梦，而且还有制度文明梦。推进政府治理现代化要坚持正确的政治方向。一方面，改革开放以来，我国的行政体制改革取得了一系列重要进展，促进了经济社会的发展，所以要坚定不移地走中国特色社会主义政治发展道路。另一方面，坚持改革开放是中国特色社会主义道路的应有之义，必须深化行政体制改革，推进政府治理现代化。深化行政体制改革的总体目标是，到 2020 年建立起比较完善的中国特色社会主义行政体制。在深化行政体制改革过程中，要抓好几个重点。第一，加快转变政府职能是核心。三中全会提出，要“加快转变政府职能”。政府职能是指政府所具有的职责和功能。进一步转变政府职能是深化行政体制改革的核心。转变政府职能的突破口是深化行政审批制度改革。三中全会提出，经济体制改革是全面深化改革的重点，核心问题是处理好政府和市场的关系，使市场在资源配置中起决定性作用和更好发挥政府作用。进一步简政放权，就是要大力减少和下放审批事项，让社会、企业及群众享受到改革成果，释放市场活力。让一切劳动、知识、技术、管理、资本的活力竞相迸发，让一切创造社会财富的源泉充分涌流，让发展成果更多更公平惠及全体人民。同时，全面正确履行政府职能。加强中央政府宏观调控职责和能力，加强地方政府公共服务、市场监管、社会管理、环境保护等职责。第二，优化政府组织结构是

关键。三中全会提出要“优化政府组织结构”，这是加快转变政府职能的必然要求，是深化行政体制改革的重要内容，对推进国家治理体系和治理能力现代化，建设法治政府和服务政府具有重要意义。转变政府职能必然要求优化政府组织结构，因为组织机构等是行使职能的平台，是行政体制的载体。优化政府组织结构，需着重抓好以下几个方面的改革：优化政府机构设置，积极稳妥实施大部门制；理顺部门职责关系，理顺部门职责关系；优化行政区域设置，探索省直管县（市）体制改革；严格控制机构编制，推进机构编制管理科学化、规范化和法治化等。从行政活动过程来看，要完善决策权、执行权、监督权既相互制约又相互协调的行政运行机制。第三，建设法治政府是保障。三中全会提出，要“建设法治政府”。法治政府是法治中国的重要内容。现代法治必然要求依法行政，政府是否守法是衡量法治社会的一个重要标志。法治政府的主要含义就是指依法治理自身及社会的政府。法治政府意味着在政府工作中以遵守宪法和法律为根本原则，意味着在政府行为中必须严格依法行政。要深化行政执法体制改革，其主要任务是要完善行政执法体制，完善行政执法程序，创新行政执法方式，严格行政执法人员管理制度，加强行政执法经费财政保障，全面落实行政执法责任制。

三、实现中国梦必须弘扬中国精神，要以此培育公务员及干部的公共行政精神，推进廉洁政府建设

实现中国梦必须弘扬中国精神。这就是以爱国主义为核心的民族精神，以改革创新为核心的时代精神。从总体上看，近年来，广大公务员及干部的素质和能力得到了一定的提升，然而，与实现中国梦的新形势新任务的要求比，还存在着一些突出问题。例如，有的公务员及干部没有树立起正确的世界观、人生观、价值观和政绩观，有的“四风”表现的比较严重，还有的甚至走上犯罪道路，等等。要实现中国梦，必须要有一支“信念坚定、为民服务、勤政务实、敢于担当、清正廉洁”的公务员及干部队伍。这就要求对广大公务员及干部深入进行正确理想信仰及价值观的教育，培育其具有公共行政精神。公共行政精神主要是指公务人员及政府行为要具有为公众利益服务的精神。要对广大公务人员进行社会主义核心价值观教育，倡导“富强、民主、文明、和谐”，倡导“自由、平等、公平、法治，爱国、敬业、诚信、友善”。要对其进行弘扬爱国主义精神的教育，深入挖掘和阐发中华传统文化“讲仁爱、重民本、守诚信、崇正义、尚和合、求大同”的时代价值，借鉴古代“先天下之忧而忧，后天下之乐而乐”的士大夫精

神。要以社会主义核心价值观为引领，借鉴中外有益思想成果，铸造新时期的公共行政精神，改变政府公务人员在精神上的“缺钙现象”。要改进干部政绩考核机制，教育公务人员树立正确的政绩观，以增进人民福祉的政绩观为出发点，以推动科学发展为落脚点，纠正以GDP论英雄的偏向，以全面科学考核为重点。治国必先治党，治党务必从严，关键是从严治吏。要全面从严治党，推进廉洁政府建设。要探讨如何全面推进从严治党，形成“不想腐、不能腐、不敢腐”反腐倡廉的体制机制，“把权力关进制度的笼子里”。要坚持教育是基础，制度是保证，监督是关键。加强公务员特别是领导干部的作风建设，坚持以零容忍态度惩治腐败。要深刻把握实现中国梦给公务员及干部所提出的实践要求：做好新形势下的政府工作是实现中华民族伟大复兴中国梦的需要；提高干部素质及能力，推进治理能力现代化是做好政府工作的关键；把握科学的工作方法是做好政府工作的手段；以“踏石留印抓铁有痕”的劲头抓政府作风建设是做好政府工作的保障。

四、实现中国梦必须凝聚中国力量，发挥中国梦的最大公约数作用，推进公平政府建设

实现中华民族伟大复兴的中国梦必须凝聚中国力量，这就是中华儿女大团结的力量。中国梦是中华民族最大公约数，是凝聚中国各种力量的共同思想基础，有助于使不同方面形成共识。要从中国梦这个最大的公约数出发，巩固和发展最广泛的爱国统一战线，促进民族关系、宗教关系、阶层关系、海内外同胞关系等方面的和谐。要凝聚中国力量，目前一个重点是要正确处理效率和公平的关系问题，推进公平政府建设。要把握习近平“三个共同享有”的观点，把社会的发展战略和人们自身的发展结合起来，让每个公民共同享有“人生出彩”、“梦想成真”和“成长进步”的机会。实现中国梦，需要创新体制机制，给每一个公民均等的机会，激发每个人的进取心和创造力，从而为把中国梦想转化为现实提供源源不断的人才资源支持。公平是人民的希冀，政府要充分发挥维护社会公平正义的职能。在经济上，要深化收入分配制度改革，扭转贫富悬殊的现象。要改进国家财政预算制度，使发展成果更多更公平惠及全体人民。发挥市场监管职能，用公平规则调动市场活力。在政治上，要强调机会均等，保证人民平等参与和发展的权利。在社会和文化方面，要调整公共政策，促进教育、就业、医疗等方面的公平。要改革现有的户籍制度，消除城乡居民事实上的身份不平等。要关注弱势

群体及边缘人群，给以人文关怀和社会救助。要正视目前在民族、宗教等方面出现的突出问题，根据现实需要调整社会政策，以形成社会合力。要尊重地方的首创精神，充分发挥地方政府的积极能动性。

五、中国梦也是世界共赢梦，在政府治理中要面向世界，既不盲目排外，也不妄自菲薄

中国梦是造福世界梦，造福世界是中国梦的重要价值取向。习近平提出了“世界命运共同体”的新理念，强调中国走和平、发展、合作、共赢之路。在政府治理现代化过程中，要借鉴国际上的公共治理、善治、公共服务及新公共管理思潮中的合理因素，同时，也要向世界彰显中国政府治理的经验和价值理念，为中国和平崛起创造良好的国际环境。自近代以来，在大国崛起的过程中，曾出现“英国梦”“美国梦”等多个国家梦。研究历史可以看出一个规律性的现象，国家梦作为一种强大的精神动力，在一个国家的崛起中起着重要的驱动作用。中国梦与美国梦等一些国家的梦有很大不同，但也有相通之处，有些经验和教训可以借鉴。正如习近平所指出的中国梦“与包括美国梦在内的世界各国人民的美好梦想相通”。中国梦是中国人民的奋斗目标，也是中国的国际形象。要强化战略思维，增强战略定力，更好地统筹国内国际两个大局。中国将坚定不移走和平发展道路，努力促进人类和平与发展的崇高事业。中国坚持走和平发展道路，但决不能放弃自己的正当权益，决不能牺牲国家核心利益。要尊重世界文明多样性、发展道路多样性，并以中国道路、中国理论和中国制度丰富世界文明。

六、中国梦的实质是人民梦，要尊重政府治理中的人民主体地位，加强民生建设，推进民主行政，建设服务型政府

中国梦归根到底是人民的梦，这是中国梦的实质。要把握中国梦的实质，坚持中国梦必须紧紧依靠人民来实现，必须不断为人民造福。要实现中国梦，需要推进服务型政府建设。三中全会提出“建设服务型政府”，这意味着要从传统的管制型政府转化为服务型政府。服务型政府的含义是指建设职能科学、结构优化、廉洁高效、人民满意的政府。建设服务型政府是发展社会主义民主政治，保证人民当家做主的需要。从一定意义上看，服务型政府意味着从政府的执政理念来看是全心全意为公民服务的政府；从政府的管理方式来看是管理中体现着服务的政府。建设服务型政府要求政府的主要职能是为公民提供公共服务和公共产

品。要加快社会事业改革，解决好人民最关心最直接最现实的利益问题，更好满足人民需求，社会政策要托底，实现发展成果更多更公平惠及全体人民。例如，要深化教育领域综合改革，健全促进就业创业的体制机制，形成合理有序的收入分配格局，建立更加公平可持续的社会保障制度，深化医药卫生体制改革，等等。要强化政府的公共服务职能，推进公共服务体系建设。人民幸福是中国梦的根本追求。习近平同志讲中国梦既是国家梦民族的梦，也是每个中国人的梦。所以，实现中国梦需要把宏大述事与个人生活结合起来，使中国梦植根于国民个人生活之中。中国梦一方面表现为“两个百年”奋斗目标的“宏大述事”，另一方面体现为个人梦，与个人生活相联系，例如“住房梦”“收入梦”“健康梦”和“养老梦”“生态梦”，等等。小康不小康，关键看老乡。中国梦也是“保证人民平等参与、平等发展权利，维护社会公平正义”之梦。要推进公民有序地政治参与，建立和完善适合广泛公共参与的制度框架，推进民主行政。“走向生态文明新时代，建设美丽中国，是实现中华民族伟大复兴的中国梦的重要内容”。政府要充分发挥保护环境的职能，强化环境治理责任。要坚持科学发展，以转变生产发展方式为主线，把生态文明建设放在更重要位置，为中华民族的永续发展负责。推进政府治理现代化必须坚持人民本位的价值取向：“坚持以人为本，尊重人民主体地位，发挥群众首创精神，紧紧依靠人民推动改革，促进人的全面发展”。

当今中国正处在全面建成小康社会的关键时期，发展机遇和严峻挑战同在。充分认识中国梦提出的重要意义，全面把握中国梦的科学内涵，深入研究实现中国梦的基本路径，以中国梦为引领，推进政府治理现代化，加强服务政府、法治政府、廉洁政府，公平政府等的建设，这有助于为全面建成小康社会，实现中华民族伟大复兴的中国梦做出应有的贡献！

浅论三位一体的国家治理

刘 峰*

十八届三中全会《中共中央关于全面深化改革若干重大问题的决定》（以下简称《决定》）指出："全面深化改革的总目标是完善和发展中国特色社会主义制度，推进国家治理体系和治理能力现代化。"国家治理现代化重在国家制度的现代化而非器物层面的现代化，这既是习近平总书记系列重要讲话精神的精髓，又是习近平总书记治国理政的总目标。国家治理现代化必须以全面深化改革为前提，以完善和发展中国特色社会主义制度为基础，离开这个前提和基础，治理体系和治理能力就会变成无本之木、无源之水。因此，国家治理体系和治理能力现代化必须按照《决定》所指出的"要坚持党的领导、人民当家做主、依法治国有机统一"。换言之，推进国家治理必须做到"三位一体"。

1840年鸦片战争以来，近代中国就开始了现代化的尝试，从洋务运动到辛亥革命，从社会主义建设到改革开放，应该说，迄今为止百余年的现代化进程究其内核而言主要是基于器物现代化的努力，即通过对西方先进科学技术的引入、消化和创新以推动中国的现代化进程。时至今日，以经济建设为标志的器物现代化的努力已经初见成效，特别是改革开放30多年来中国取得了经济建设的巨大成就，赢得了世界的承认和尊重。伴随着中国物质生产现代化进程的迅猛推进必然要求中国的制度现代化迈出更加坚实的步伐。

孙中山先生认为，"政者，事也；治者，理也。管理众人之事就是政治"。因此，国家治理历来是中国政治改革和政治建设的主题和中心。中国的国家治理要立足中国治理现状，创新中国治理模式，突出中国治理优势，要坚持中国特色社会主义道路，坚持中国特色社会主义制度和社会主义核心价值观，这是根本方向，必须毫不动摇。国家治理要把完善制度体系与构建价值体系统一起来。前者是"体"，后者是"魂"。中国的国家治理要自觉增强理论自信、道路自信和制度

* 刘峰：国家行政学院政治学教研部教授，国家行政学院中国领导科学研究中心主任。

自信，此外还要增强能力自信和文化自信，要继承中华民族传统文化和治国理政的精华，并立足现实不断创新。

“三位一体”的国家治理重在坚持党的领导和社会主义制度。领导中国特色社会主义建设事业的核心力量是中国共产党，党在革命和建设时期积累了丰富的成功经验，党更能够在全面深化改革的国家治理中发挥中流砥柱的主导作用。因此，中国当下的国家治理要研究全面深化改革的背景下如何加强和改善党的领导；要研究如何发挥群众作用参与国家治理，确保人民群众在国家治理中的主体地位；当然还要研究如何运用法治思维和法治方式来提升国家治理水平。

一、党的领导是国家治理的核心力量

领导我们事业的核心力量是中国共产党。习近平总书记于 2014 年 1 月 1 日在《人民日报》发表了题为《切实把思想统一到党的十八届三中全会精神上来》的重要文章，深刻阐明了国家治理现代化的深刻含义。他指出：“国家治理体系是在党领导下管理国家的制度体系，包括经济、政治、文化、社会、生态文明和党的建设等各领域体制机制、法律法规安排，也就是一整套紧密相连、相互协调的国家制度；国家治理能力则是运用国家制度管理社会各方面事务的能力，包括改革开放稳定、内政外交国防、治党治国治军等各个方面”。我们知道国家治理的主体是多元的，包括党和政府、社会组织等各个方面，但党的领导无疑是主导力量。党要统筹协调各个治理主体的关系。

我们在国家治理体系和治理能力方面还有许多亟待改进的地方，但在提高国家治理能力上需要下更大气力。习近平总书记认为，只有以提高党的执政能力为重点，尽快把我们各级干部、各方面管理者的思想政治素质、科学文化素质、工作本领都提高起来，尽快把党和国家机关企事业单位、人民团体、社会组织的工作能力都提高起来，国家治理体系才能更加有效运转。

习近平总书记指出，党要管党，首先是管好干部；从严治党，关键是从严治吏。要把从严管理干部贯彻落实到干部队伍建设全过程，让每一个干部懂得，提高治理能力和领导力必须做到信念坚定、为民服务、勤政务实，勇于担当和清正廉洁。当干部就必须付出更多辛劳，必须接受更严格的约束；要平常时候看得出“来”，关键时刻站得出“来”，危急关头豁得出“来”。为了提高治理能力和领导力，各级领导干部还要树立机遇意识、进取意识和责任意识。

二、人民当家做主是国家治理的根本宗旨

现代化的国家治理体系一定是以公共服务为目的的。国家治理必须保证主权

在民，保证人民群众当家做主，在所有的公共决策和公共事务中体现人民意愿，保证人民主体地位。

“协商民主是我国社会主义民主政治的特有形式和独特优势，是党的群众路线在政治领域的重要体现。”作为制度层面的协商民主不是从国外搬来的，也不是封建社会留下来的，而是中国共产党在长期的革命、建设和改革过程中创造出来的。比如人们记忆犹新的当年抗日根据地的“三三制”的政权建设就是协商民主制度化的成功范例。党和政府的决策事关群众的切身利益，事关人民的福祉，必须遵循社会发展规律，必须体现人民意志。要始终把为人民群众谋利益、密切联系群众的观点作为决策的根本思想。人民当家做主在很大程度上体现为人民参与制定国家的大政方针政策，在国家的各项决策中起到实际上的决定作用。

中国的国家治理离不开群众路线的践行。“党在自己的工作中实现群众路线，一切为了群众，一切依靠群众，从群众中来，到群众中去，把党的正确主张变成群众的自觉行动。”

践行群众路线要处理好主人与仆人的关系。党员干部不是人民群众的主人，而是仆人，是负责任的“人民公仆”。人民群众需要什么服务，你就要努力提供什么服务；什么时候需要服务，你就要在什么时候提供服务。践行群众路线要处理好先生与学生的关系。党员干部要把人民群众当先生，自己要老老实实当学生。并且要先当先生，后当学生。践行群众路线要处理好引领与服务的关系。领导干部既要服务群众，又要引领群众，要防止命令主义，也要防止“尾巴主义”，要处理好领导带头与深入群众的关系。要处理好为民与务实的关系。政治路线确定以后国家治理关键还靠领导干部。

三、依法治国是国家治理的主要方式

国家治理既要法治，又要德治，但更重要的是法治。“凡属重大改革都要于法有据。在整个改革过程中都要高度重视运用法治思维和法治方式，发挥法治的引领和推动作用，加强对相关立法工作的协调，确保在法治轨道上推进改革。”过去的改革是先破后立，今后的改革要先立后破，边立边破。比如国有企业的改革要建立起现代企业制度，建立法人治理机构。大学也要重视治理结构的完善，比如发挥好学术委员会在高校治理中的作用。

习近平总书记论“法治中国”时强调，坚持依法治国、依法执政、依法行政共同推进；坚持法治国家、法治政府、法治社会一体建设。国家治理的现代化最终体现为科学执政、民主执政和依法执政的有机统一。

目前，司法体制改革已经实实在在迈出了可喜的步伐，其重点是司法的“去地方化”和“去行政化”。要按照习近平总书记的要求，真正让群众“在每一个司法案件中都感受到公平正义”。

国家治理的现代化要求加强对行政权力运行的制约与监督，要善于运用“权力清单”与“负面清单”的制度。“权力清单”是针对政府而言的，“法无授权不可为”，限制了政府的权力，规范政府这只看得见的“手”，才可能依法行政。而“负面清单”是针对市场、针对企业的，“法无禁止即可为”，是放开市场这只看不见的手，以使企业更有活力更有创造力。

选择推进协商民主的三个缘由

程竹汝*

现代化的国家治理是民主的治理。在当代中国，协商民主是中国特色社会主义民主的基本形式之一，具有不可替代的公共政策功能、社会团结功能和政治合法性功能。这些功能对国家治理体系和治理能力现代化意义重大，不可或缺。因此，推进协商民主广泛多层制度化发展构成了国家治理体系和治理能力现代化的客观要求。

在寻求国家治理体系和治理能力现代化的努力中，执政党为什么选择发展协商民主作为适应社会日益增长的政治参与要求的重要途径？协商民主话语的出现，在中国仅仅数年时间，为何在短短的数年时间里，它便进入了中国的主流话语体系，并被中共十八大报告和十八届三中全会的《中共中央关于全面深化改革若干重大问题的决定》（以下简称《决定》）作为政治建设的重点？答案应该回到中国现实中的“问题、实践、制度”中去寻找。

一、有序政治参与是一段时期以来中国社会面临的一个重大问题

在这一问题的维度上，选择协商民主作为应对长期以来有序政治参与压力的对策，可能是基于对当前发展阶段社会政治参与性质的客观判断。理论上，政治参与有两种基本形态，一是公民或社会组织基于对公共事务的主张而对政治过程的参与，即公共参与；二是公民或社会组织基于对自身利益的关注而参与政治过程，即利益参与。虽然这两种形式近年来在中国社会均有一定程度的发展，但其主流仍属于利益参与的范畴，也就是说，中国社会的政治参与仍主要处于利益参与的阶段。这个判断即可以由作为利益参与主渠道的信访系统所遭受到的巨大压力以及各种群体性事件表现出的利益诉求所证实，也是有关当代中国政治参与研

* 程竹汝：上海市委党校（上海行政学院）科社部主任，教授。

究的基本结论。无论公共参与还是利益参与，其基本目标都在于影响政策。特别是利益参与同政策的关联度就更为直接。而协商民主就是“在党的领导下，以经济社会发展重大问题和涉及群众切身利益的实际问题为内容，在全社会开展广泛协商，坚持协商于决策之前和决策实施之中”[①] 在政治参与同决策之间，协商民主的嵌入，一方面是有利于解决有序政治参与问题；另一方面则有利于实现民主决策的目标。由此看来，将推进协商民主广泛多层制度化发展作为深化政治体制改革的重点，具有明显现实针对性。它是适应中国社会结构、利益、观念深度变迁，各种性质矛盾复杂多变，公民政治参与意识不断发展而形成的具有顶层设计意义的制度安排。

有一些人认为，选举民主和协商民主是当代中国民主的两个基本形式，从政治发展的意义上讲，选举民主更具基础性地位，为何深化政治体制改革的重点没有聚焦选举民主的发展而指向了协商民主呢？其中一个基本原因应是选举民主不像协商民主那样，与政策和有序政治参与关联度如此紧密。选举民主对政策的影响不仅受到任期制的限制。而且长期以来，我国的选举又主要聚焦于选人而非选政策。

二、与中国社会参与民主的压力不断积累相伴随，有关解决问题的实践探索也一直在进行

这些实践探索从多个层面都指向了协商民主。事实上，协商民主构成改革开放以来增量民主的重要部分。这期间，它从多党合作和人民政协的政治协商，发展到人大、政府、司法机关的政策协商，又拓展到基层社会的事务协商，表现出了解决有序政治参与问题的良好前景。具体来说，在多党合作领域，协商会、谈心会、座谈会、民主党派直接向中共中央提出建议等制度不断完善；人民政协在探索中形成了专题协商、对口协商、界别协商和提案办理协商等多种协商形式；立法协商、行政协商，以及基层民主协商的制度化程度也不断提高。这些广泛的应对有序参与问题的实践，本身就包含着策略选择的方向。也就是说，选择协商民主作为应对长期以来有序政治参与压力的对策，并非执政党的主观偏好，而是以一定的实践经验为基础的。

发展协商民主具有中国自身独特的政治逻辑，具备明显的现实性。西方的协

① 习近平：《关于“中共中央关于全面深化改革若干重大问题的决定”的说明》，《〈中共中央关于全面深化改革若干重大问题的决定〉辅导读本》，人民出版社 2013 年版，第 29—30 页。

商民主主要是弥补选举民主的不足，而中国则是在多元利益和观念日益分化背景下解决有序政治参与问题形成的基本制度。

三、从制度的角度看，协商民主与中国特色社会主义政治制度具有高度的契合性，是人民民主的基本实现形式

现实性上，人民民主有两个基本特点：一是价值上偏好于实体民主，即重视解决公共政策社会适应性问题的民主；二是形式的复合性，即选举和参与相结合，而更重视参与，特别是有组织的参与。[①] 中国共产党的组织体系、人民代表大会组织体系、政治协商会议组织体系，此三者本质上都是通过有组织的参与来实现政策优化的组织系统。而协商民主的基本价值就在于通过普遍有序参与来影响公共政策。正因为协商民主与人民民主制度的这一有机联系，十八大才有充足的理由将其从民主的一般形式提升到民主的制度形式，十八届三中全会的《决定》又将其定义为中国民主的特有形式。

现代政治文明的一大特色，就是软权力在国家治理体系和治理能力中扮演着日益重要的角色。本质上，协商民主可以归于软权力范畴。它的公共政策功能，是指协商对公共政策的影响，而非具有强制性的权威决策；它的社会团结功能，取决于协商的沟通、说服所形成的共识，而非强制性的压力；它的政治合法性功能，则在于它为人们提供了方便的、具有一定日常生活意义上的政治参与。所有这一切，都在软权力的意义上推动着中国国家治理体系和治理能力走向现代化。

---

① 程竹汝：《当代中国政治的三个基本问题与改革策略》，载《科学社会主义》2013 年第 5 期。

现代宪法视野下的国家治理

任 进*

十八届三中全会《关于全面深化改革若干重大问题的决定》指出，宪法是保证党和国家兴旺发达、长治久安的根本法，具有最高权威；全面深化改革的总目标是完善和发展中国特色社会主义制度，推进国家治理体系和治理能力现代化。这要求我们要更加重视发挥宪法的作用，坚持依宪治国和依宪执政，维护宪法尊严，保障宪法实施。

一、宪法在推进国家治理体系现代化中的决定性作用

1982年宪法是我国现行宪法，公布实施至今已经30多年了。宪法以国家根本法的形式，确立了中国特色社会主义道路、中国特色社会主义理论体系、中国特色社会主义制度的发展成果。

十五大提出依法治国是党领导人民治理国家的基本方略；十八大要求更加重视发挥法治在国家治理和社会管理中的重要作用。所谓国家治理，就是在党的领导下人民依照宪法和法律规定，通过各种途径和形式，管理国家事务，管理经济和文化事业，管理社会事务。

十八届三中全会提出“国家治理体系”的概念。所谓“国家治理体系”，是在中国共产党领导下治理国家的制度体系，包括经济、政治、文化、社会、生态文明和党的建设等各领域的制度安排，涉及改革发展稳定、内政外交国防、治党治国治军等各个方面。这一全面深化改革总目标的确立，突出了改革的系统性、整体性和协同性，意味着国家治理从一元单向管理向多元交互共治的转变。这样的现代国家治理体系，大体上可以概括为“党领导下的法治中国、共治社会、自治基层、德治公民这四个层次”。[①] 完善和发展中国特色社会主义制度、推进国家

---

* 任进：国家行政学院法学教研部教授。

① 施芝鸿就培育和弘扬社会主义核心价值观问题答凤凰网问，http：//news.ifeng.com/exclusive/official/detail_2014_03/17/34839205_0.shtml.

治理体系和治理能力现代化，是坚持和发展中国特色社会主义的必然要求，也是实现社会主义现代化的应有之义。①

"国家治理"不完全等同于西方政治学上的"治理"（Governance）。一般认为，"治理"概念源于古希腊语中的 κυβερνῶ 一词，具有控制、引导和操纵之意。20 世纪 90 年代，西方学者采用"治理"一词，强调多元主体、多中心治理，并且主张社会自治以及社会组织与政府的共治。全球治理委员会 1995 年发表了一份题为《我们的全球伙伴关系》的研究报告，在该报告中对治理作出了如下界定："治理是各种公共的或私人的机构管理其共同事务的诸多方式的总和。它是使相互冲突的或不同的利益得以调和并且采取联合行动的持续的过程。"1998 年，英国学者格里·斯托克（Gerry Stoker）对流行的各种治理概念作了一番梳理后指出，作为一种理论的治理，其要义是指一系列来自政府，但又不限于政府的社会公共机构和行为者的复杂体系；治理意味着在为社会和经济问题寻求解决方案的过程中，存在着界线和责任方面的模糊性；治理明确肯定了在涉及集体行为的各个社会公共机构之间存在着权力依赖。②

中国传统文化中没有西方现代意义上的"治理"概念，中国的"治理"一般是指统治者"治国理政"即治理国家和处理政务的意思。

从我国法学和政治学意义上理解，国家治理体系不仅是国家机关对社会的管理，包括正确处理国家机关之间的关系、国家与公民间的关系以及公民与公民之间的关系，也涉及执政党的领导。具体地说，"治理与管理的区别就在于治理是政府、市场、社会组织，党、人大、政府、政协等多元主体一起进行国家的治理，而不是仅仅依靠一种力量。"③

三中全会决定对于"治理"概念的运用，坚持党的领导、人民当家做主和依法治国有机结合的根本要求，汲取了中国传统文化治国理政的有益精神，扬弃性地吸收了西方"治理"概念的有益要素。它表明，推进国家治理体系现代化，首先要体现民主，使公共治理和制度安排能保障主权在民或人民当家做主，维护人民意志和主体地位。其次，依法执政、依法治国、依法行政的水平是国家治理体

① 习近平：《在 2014 年 2 月 17 日省部级主要领导干部学习贯彻十八届三中全会精神全面深化改革专题研讨班开班式上的讲话》，《人民日报》2014 年 2 月 18 日。

② Gerry Stoker，Governance as Theory：Five Propositions. International Social Science Journal No 155，March 1998.

③ 中央财经领导小组办公室负责人杨伟民：详解十八届三中全会亮点：《句句是改革字字有力度（权威访谈·学习贯彻十八届三中全会精神）》，《人民日报》2013 年 11 月 15 日。

系现代化的重要标志，要保障宪法和法律成为国家治理的最高权威。最后，要有效维护社会稳定和社会秩序，增进公共利益和公民权益。同时，现代国家治理体系，从中央到地方各个层级，从政府治理到社会治理，各种制度安排要作为一个统一的整体相互协调、共同推进。

推进国家治理体系现代化，需要全面贯彻落实依法治国基本方略，用法治精神构建国家治理体系，通过国家治理体系现代化为全面建成小康社会提供国家制度的基础。由于宪法作为保证党和国家兴旺发达、长治久安的根本法，在整合国家权力、政治架构和权力运行，促进国家统一、民族团结，推动经济发展、社会进步和国家长治久安等方面，具有特别重要的功能，因此，宪法在推进国家治理体系现代化中，必将发挥决定性的作用。

二、依法治国首先是依宪治国

国家治理体系在国家的层面，主要体现在法治中国建设上。而法治是人类在长期历史发展过程中总结和概括的治国原理，是现代社会文明进步的标志，也是我国的一项宪法原则。贯彻依法治国基本方略，建设法治中国，是中国共产党治国理政从理念到方式的革命性变化，是我国政治体制改革的重要成果。习总书记指出：宪法具有最高的法律地位、法律权威、法律效力，具有根本性、全局性、稳定性、长期性。依法治国，首先是依宪治国。①

一般认为，依法治国所依之“法”包括宪法、法律、行政法规、地方性法规等，依法治国所依之“法”包括而且首先是指宪法，“依宪治国”是“依法治国”的题中应有之义。但在提出“依法治国”时，为什么还要特别强调“依宪治国”呢？

这是因为，法治有形式意义的法治和实质意义的法治的区分。法治在形式意义上，是指依法律制约国家权力，强调“法律之治”；在实质意义上，则是指依宪法制约国家权力，强调“宪法之治”。与以往的依法治国（行政法国家）的形式主义法治国家理念相比，这种依宪治国（宪法国家）的实质主义法治国家理念，不仅要求依法行政，还强调依宪行政，并将监督制约对象从行政权扩及立法权和其他公权力，切实有效保障公共利益、公民基本权利和社会秩序，从而丰富了“法治国家”的内涵，奠定了依宪治国的理论基础。

---

① 习近平：《在首都各界纪念现行宪法公布实施三十周年大会上的讲话》，《人民日报》2012 年 12 月 5 日。

当前，我国正处于全面建成小康社会的关键期、全面深化改革的攻坚期和社会矛盾的凸显期，需要进一步解放思想、更新观念，突破利益固化藩篱，综合考虑人民根本利益、现阶段公众共同利益和不同群体特殊利益的关系。而执政党的主张、国家意志和人民利益愿望要通过一个平台表达出来，正是宪法这样的平台，用以规范人们的行为、设定价值目标、凝聚社会共识、协调利益关系，并通过宪法实施来推动发展、深化改革、化解矛盾和维护稳定。

按照文明发展可以分为器物层面、制度层面和精神文化层面的理论，过去我们说的现代化，是工业、农业、科学技术和国防的现代化，主要是一种器物层面的现代化，而新目标是从国家制度层面提出的涉及整个国家体制的综合意义的国家治理体系的现代化，是检验一个国家的基本制度是否比较完善、比较定型的重要标志。邓小平 1992 年在南方谈话中指出："恐怕再有三十年的时间，我们才会在各方面形成一整套更加成熟、更加定型的制度。在这个制度下的方针、政策，也将更加定型化。"① 坚持依宪治国，才能从根本制度上推进国家治理体系的现代化。

三、依法执政关键是依宪执政

国家治理体系是党领导下治理国家的制度体系。党的十六届四中全会强调必须坚持科学执政、民主执政、依法执政，不断完善党的领导方式和执政方式。所谓依法执政，是指作为执政党的中国共产党在宪法和法律规定的框架下介入、影响和领导国家政权及其运作。

新中国成立六十多年来，中国共产党已从一个领导人民进行新民主主义革命夺取政权的党转变成为领导人民执掌全国政权并长期执政的党，从一个在相对落后的国内环境和相对封闭的国际环境下探索进行社会主义建设的党转变成为一个在新的形势和开放条件下建设中国特色社会主义事业的党。中国共产党的领导是历史的选择、人民的选择，但党的执政地位不是与生俱来的，也不是一劳永逸的，要在新的历史条件下实现长期执政、永续执政，必须坚持科学执政、民主执政、依法执政。

对执政的中国共产党而言，维护宪法尊严和保障宪法实施，是一项重大的政治原则问题。习总书记指出：坚持党的领导，要更加注重改进党的领导方式和执

① 《邓小平文选》第 3 卷，人民出版社 1993 年版，第 372 页。

政方式。依法执政，关键是依宪执政。新形势下，我们党要履行好执政兴国的重大职责，必须依据党章从严治党、依据宪法治国理政。党领导人民制定宪法和法律，党领导人民执行宪法和法律，党自身必须在宪法和法律范围内活动，真正做到党领导立法、保证执法、带头守法。[①]

依法执政关键是依宪执政。宪法肯定了中国共产党的历史作用和中国共产党领导的多党合作和政治协商制度将长期存在和发展，宪法确立了中国共产党在国家中的地位，坚持依宪执政，才能抓住执政的根本；宪法确立人民是国家一切权力的归属者，充分反映了我国各族人民的共同意志和根本利益，坚持依宪执政，才能践行中国共产党立党为公、执政为民的执政理念；宪法是各政党、各社会团体的根本活动准则，坚持依宪执政，才能保证执政行为不超越宪法，并获得根本法的保障；宪法，也主要是宪法，规范了执政党、国家和人民的关系，将党的领导、人民当家做主、依法治国有机统一起来，坚持依宪执政，使依法治国、依法执政、依法行政共同推进，法治国家、法治政府、法治社会一体建设，有利于从根本上推进法治中国建设和国家治理体系的现代化。

诺斯认为："各个国家由于其文化遗产和政治决策规则的差异，决定了它们走不同的道路。"我国今天的国家治理体系，是在我国历史传承、文化传统、经济社会发展的基础上长期发展、渐进改进、内生性演化的结果。长期以来中国共产党主要依据党的方针、政策执政，这有其历史的必然性，而在实行依法治国和建设法治中国的今天，应更加注重发挥宪法在国家治理和社会管理中的作用。在推进国家治理体系和治理能力现代化为总目标的大背景下，发展、完善宪法，应以保证人民当家做主为根本，以增强党和国家活力、调动人民积极性、以完善国家基本制度、保障公民基本权利、规范国家机构的权力结构和运行为重点，健全宪法监督和保障制度。

四、在推进国家治理体系现代化进程中发展宪法

1982 年宪法公布施行以来，在宪法指导下，我国改革开放和现代化建设取得了重要的成就。为了更好地适应改革开放和现代化建设的需要，1988 年七届全国人大一次会议、1993 年八届全国人大一次会议、1999 年九届全国人大二次会议和 2004 年十届全国人大二次会议，分别对宪法的个别条款和部分内容作了

① 习近平：《在首都各界纪念现行宪法公布实施三十周年大会上的讲话》，《人民日报》2012 年 12 月 5 日。

必要的修正。

随着改革开放和现代化建设向更深层次发展，现行宪法在有些方面已不能适应发展和完善社会主义制度、推进国家治理体系现代化的要求。

根据实践中取得的重要的新经验和新认识，应及时依照法定程序对宪法的某些规定进行必要的修正和补充。与此同时，全国人大及其常委会，要切实履行解释宪法的职能，对宪法实施中的问题作出必要的解释和说明。

具体而言，现行宪法以下的主要内容可以考虑修改：

（一）关于宪法指导思想

根据十七大、十八大报告，中国特色社会主义理论体系，是包括邓小平理论、“三个代表”重要思想、科学发展观在内的科学理论体系，是对马克思列宁主义、毛泽东思想的坚持和发展，是不断发展和开放的理论体系。因此，有必要考虑将宪法序言第七自然段中“中国各族人民将继续在中国共产党领导下，在马克思列宁主义、毛泽东思想、邓小平理论、‘三个代表’重要思想”进行概括，将“中国特色社会主义理论体系”完整写入宪法序言。这样修改，将为中国特色社会主义理论体系在国家的指导思想地位，提供宪法依据，也为今后丰富、发展中国特色社会主义理论体系奠定宪法基础。

（二）关于国家发展目标

在 2020 年，我国将全面建成小康社会。经过这个阶段的建设，再继续奋斗几十年，到 21 世纪中叶基本实现现代化，把我国建成富强、民主、文明、和谐和法治的社会主义国家。因此，有必要在宪法序言中将相关内容修改为“全面推进经济建设、政治建设、文化建设、社会建设、生态文明建设，把我国建设成为富强、民主、文明、和谐和法治的社会主义国家”。

（三）关于宪法监督机构

1993 年修宪时，针对在宪法第七十条中增加规定全国人大设立宪法监督委员会的建议，中共中央指出：“根据宪法第七十条的规定，全国人大可以设立专门委员会性质的宪法监督委员会，宪法可以不再作规定。”[①] 所以，可考虑在宪法中增加规定：“国家设立宪法监督专门机构。宪法监督专门机构的组织、职权和程序由法律规定。”

---

① 《中共中央〈关于修改宪法部分内容的建议〉（1993 年 3 月 14 日）的附件——〈关于修改宪法部分内容的建议的说明〉》，《宪法修正案学习辅导读本》，中国青年出版社 1999 年版，第 103 页。

此外，还应修宪确立中央国家安全委员会的宪法地位，完善中央与地方事权和财权关系以及完善法院、检察院管理体制和公民基本权利等条款。

五、宪法对推进国家治理体制现代化的保障作用

由于各国的历史传统、政治体制与宪法文化的不同，各国采取的宪法实施监督和保障制度不尽相同。按照我国宪法的规定，全国人大及其常委会监督宪法实施，这体现了全国人大是最高国家权力机关、代表人民统一行使国家权力的制度设计。同时应当看到，我国宪法实施中还存在一些问题，如保证宪法实施的监督机制和具体制度不健全，有法不依、执法不严、违法不究现象的存在，执法司法等方面滥用职权、失职渎职、执法犯法甚至徇私枉法的问题以及领导干部的宪法意识不强等。

习总书记指出：宪法的生命在于实施，宪法的权威也在于实施。全面贯彻实施宪法，是建设社会主义法治国家的首要任务和基础性工作，要坚定不移走中国特色社会主义政治发展道路，落实依法治国基本方略，加快建设法治国家。[①]

三中全会决定要求进一步健全宪法实施监督机制和程序，把全面贯彻实施宪法提高到一个新水平。习总书记最近还指出，改革是一场深刻的革命，涉及重大利益关系调整，涉及各方面体制机制完善，改革已进入攻坚期和深水区。中国是一个大国，决不能在根本性的问题上出现颠覆性的错误。[②]

卢梭有言："一切法律之中最重要的法律，既不是铭刻在大理石上，也不是铭刻在铜表上，而是铭刻在公民们的内心里。"[③] 要求各级领导干部提高运用法治思维和法治方式深化改革、推动发展、化解矛盾、维护稳定能力，应首先要求领导干部树立宪法思维。从宪法的基本精神看，宪法和法律确认民主制度，解决了领导干部的权力来源问题；宪法和法律规范公共权力的运行，为领导干部行使权力设定了界限；宪法和法律是行政决策活动的基础，遵守宪法能够保证其决策活动具有正当性。

宪法是治国理政的基本方式，也是全面深化改革的基本遵循。习近平总书记2013年11月24日至28日在山东调研时指出，要准确、有序、协调推进改革，特别是该得到法律授权的不要超前推进。[④] 习近平总书记还特别强调，凡属重大

---

① 习近平：《在首都各界纪念现行宪法公布实施三十周年大会上的讲话》，《人民日报》2012年12月5日。

② 习近平：《深化改革开放共创美好亚太——在亚太经合组织工商领导人峰会上的演讲》2013年10月7日。

③ ［法］卢梭：《社会契约论》，何兆武译，商务印书馆2003年版，第70页。

④ 《习近平在山东考察》，http：//www.gov.cn/jrzg/2013－11/28/content_2537816.htm。

改革都要于法有据。在整个改革过程中，都要高度重视运用法治思维和法治方式，发挥法治的引领和推动作用，加强对相关立法工作的协调，确保在法治轨道上推进改革。[①] 随着法律体系日臻完善，推进任何层面、任何领域的重大改革，于法有据是基本前提。我们鼓励敢闯敢试、敢想敢干，但坚决反对以改革的名义，打政策的擦边球、碰法律的高压线。

推进国家治理体系现代化必须于法有据，首先是必须于宪法有据。在全面深化改革、加快法治国家和推进法治中国建设进程中，各级国家机关要有法治思维特别是宪法思维，处理好改革与宪法、法治的关系。此前，十二届全国人大常委会第三次会议决定修改《文物保护法》等 12 部法律，十二届全国人大常委会第四次会议决定授权国务院在中国（上海）自由贸易试验区等国务院决定的试验区域内暂停实施有关法律规定，2013 年 12 月十二届全国人大常委会第六次会议决定废止《国务院关于劳动教养问题的决定》《国务院关于劳动教养的补充规定》、修改《公司法》等，都体现了运用法治思维和法治方式深化改革的努力。

各级国家行政机关应按维护宪法尊严、建设法治政府的要求，管理国家事务、经济文化事业和社会事务，对地方政府及其部门推行权力清单制度，实行“法无授权不可为”；对相对人特别是市场主体逐步实行负面清单管理，使之“法无禁止皆可为”，并做到机构适格、行为依法、程序正当和权责一致。

保障宪法实施，司法机关是一道重要防线。三中全会决定强调加快建设公正高效权威的社会主义司法制度，维护人民权益，让人民群众在每一个司法案件中都感受到公平正义，完善人权司法保障制度，这不仅要求各级国家审判机关、检察机关坚持公正司法，不断提高司法公信力，而且对司法体制改革的深化，提出了新要求。

① 《习近平主持召开中央全面深化改革领导小组第二次会议》，《人民日报》2014 年 3 月 1 日。

在全面深化改革中提高治理腐败能力和水平

刘宏毅*

在十八届中央纪委三次全会上，习近平总书记强调指出，“各项改革措施都要体现惩治和预防腐败要求”。历史经验告诉我们，改革是一个破旧立新的过程，如果不注意配套和衔接，不注意时序和步骤，也容易产生体制机制上的缝隙和漏洞，为一些人提供权力寻租、搞腐败的机会。当前，全面深化各领域改革，必须按照习近平总书记的要求，更加注重改革的系统性、整体性、协同性，同防范腐败同步考虑、同步部署、同步实施，保障改革健康顺利推进。

一、提高治理腐败能力和水平是推进全面深化改革的迫切需要

全面深化改革，涉及经济、政治、文化、社会、生态文明体制和党的建设制度改革，其广泛性、深刻性前所未有。加强党风廉政建设和反腐败工作，确保党员干部队伍的先进性和纯洁性，确保改革沿着有利于党和人民事业发展的方向前进，是我们党领导和推进改革必须解决的重大课题。

加强党风廉政建设和反腐败工作，是统筹协调、整体推进改革的现实需要。改革与反腐败相辅相成。十一届三中全会以来，我们党坚持一手抓改革开放，一手抓反腐败，在从源头上解决一些部门和领域的腐败问题、不断取得反腐败新成效的同时，改革也在不断向纵深推进，取得了举世瞩目的成绩。与以往的改革不同，全面深化改革是一项复杂的系统工程，各项改革举措之间的关联性、耦合性要求非常高，对加强各方面改革措施之间的统筹协调提出了新的更高要求。必须更加注重改革的系统性、整体性、协同性，适应各领域改革紧密联系、相互交融的特点，把防治腐败与推进全面改革紧密结合起来。在制定具体改革方案时，坚持超前思考，强化顶层设计，注重统筹规划，把惩治和预防腐败的要求融入经

* 刘宏毅：国家行政学院纪检监察室主任。

济、政治、文化、社会和生态文明建设各领域各环节改革之中，为全面深化改革提供坚强保证。

二、提高治理腐败能力和水平是避免改革过程中出现大面积腐败现象的迫切要求

当前，改革进入攻坚期和深水区，必须以更大决心冲破思想观念束缚、突破利益固化的藩篱。历史经验表明，新旧体制转轨过程往往是腐败现象的高发时期，改革的重点领域容易成为腐败现象高发区域。20 世纪 80 年代初，伴随着改革开放政策的实行，我们对可能产生的不正之风和消极腐败现象准备不足，在抓各项改革推进的同时，党风廉政建设一时没有跟上，一度出现了严重的经济犯罪行为，对改革形成了严重冲击。1984 年十二届三中全会提出全面开展城市经济体制改革后，由于当时没有充分估计到实行价格双轨制可能发生的腐败现象，没有及时拿出有力的应对措施，掌握生活资料审批权的岗位很快成了腐败的高发区。一些地方、组织和个人打着改革的旗号，大肆进行投机诈骗、倒买倒卖、行贿受贿等违法乱纪行为，败坏了社会风气，引起了人民群众强烈不满。前事不忘，后事之师。我们必须深刻总结历史经验教训，决不能发生边改革、边腐败的现象，决不能走先发展、后治理的老路。要把加强党风廉政建设和反腐败工作作为一项重大课题抓紧抓早，对改革中可能出现的腐败现象，及时采取有力措施加以预防，坚决避免出现大面积、系统性的腐败问题。

三、各项改革都要体现惩治和预防腐败的要求

随着全面改革深入推进，各个领域都有可能会出现腐败现象滋生蔓延的机会，给党风廉政建设和反腐败带来一系列新课题。必须切实将惩治和预防腐败要求贯穿到全面深化改革过程之中，在设计和执行改革方案的同时，对可能产生的腐败问题提前预判、认真研究，及时拿出有力的防范和治理措施。

将预防腐败工作与各项改革同步推进。全面深化改革，必须坚持超前思考，切实将防止问题出现、防治腐败滋生的理念和思路体现到总体布局之中。必须坚持加强顶层设计和摸着石头过河相结合，站在全局的高度科学谋划改革方案和具体举措，构建决策科学、执行坚决、监督有力的权力运行体系，形成科学有效的权力制约和协调机制。要切实强化权力制衡，按照分工负责原则，适当分解主要领导干部权力，减少主要领导干部对具体事务的插手干预，积极探索推广主要领

导干部不直接分管具体事务的制度。要切实做到权力公开透明运行，不断完善并认真落实各项公开制度，让阳光照进权力行使的每一个角落。要进一步简政放权，充分发挥市场在资源配置中的决定性作用，大幅度减少政府审批事项，大幅度减少各级政府对资源的直接配置，最大限度减少中央政府对微观事务的管理，最大限度抑制寻租机会和消极腐败现象。要进一步健全基层民主机制，通过扩大有序参与、推进信息公开、加强议事协商，保障人民群众更好地实行民主选举、民主决策、民主管理、民主监督。

坚决惩治改革过程中伴生的腐败问题。随着改革全面推进，体制机制深刻调整，利益格局深刻变动，一些腐败现象有了滋生蔓延的土壤和条件，我们必须坚决惩治，决不能掉以轻心。对一些部门和领域出现的腐败现象，要坚持抓早抓小，发现问题就及时处理，防止小问题变成大问题，不能养痈遗患。要坚持有案必查、有贪必肃，“老虎”、“苍蝇”一起打，对腐败分子发现一个就坚决查处一个，让每一个干部都牢记“莫伸手，伸手必被捉”的道理，形成强大震慑。对发现的腐败问题，要及时掌握情况，摸清规律，对症下药，坚决遏制腐败滋生蔓延的势头。既坚决查处大案要案，严肃查办发生在领导机关和领导干部中的滥用职权、贪污贿赂、腐化堕落、失职渎职案件，又要着力解决发生在群众身边的腐败问题，严肃查处损害群众利益的各类案件，切实维护人民合法权益。

进一步加强反腐倡廉法规制度建设。全面深化改革，制度廉洁性问题至关重要。要把防治腐败的要求和措施体现到各项改革制度建设之中，先立后破、于法有据、有序进行，最大限度堵塞制度漏洞，避免制度真空为腐败提供可乘之机。要进一步明确各部门和岗位职责权限，划清责任红线，做到定位准确、边界清晰、人事相符、权责一致，确保权力依照法定程序行使。要完善惩治和预防腐败、防控廉政风险、防止利益冲突、领导干部报告个人有关事项、任职回避等方面法律法规，推行新提任领导干部有关事项公开制度试点，健全民主监督、法律监督、舆论监督机制，运用和规范互联网监督。要完善并严格执行领导干部亲属经商、担任公职和社会组织职务、出国定居等相关制度规定，防止领导干部利用公共权力或自身影响为亲属和其他特定关系人谋取私利，坚决反对特权思想和作风，为改革顺利推进提供坚强保障。

国家治理现代化的若干认识

许耀桐*

推进国家治理体系和治理能力现代化，是中国共产党在十八届三中全会通过的《中共中央关于全面深化改革若干重大问题的决定》（以下简称《决定》）中提出来的一个战略目标和任务，也是一个重要的理论命题。这一理论命题的提出，奠定了国家治理在人类社会发展中的历史地位，展示了中国共产党认识现代化的最新成果，体现了国家治理现代化的鲜明特点。

一、国家治理在人类社会发展中占有重要的历史地位

在国家治理体系和治理能力现代化这个理论命题中，治理和国家治理是一个重要的关系。从治理走向国家治理，构成了一个必经的和重要的历史阶段。

人是趋向于群居的，由此结成了群体性的社会和各种组织。治理，是人类社会处置自身集体事务的一种组织活动，它始于人类的原始时期。在原始社会里，人人共同劳动、相互平等尊重，既没有强制性的政治权力，也没有不合理的特权存在。人类在共同生活中，面对着要解决的公共事务，采取了全民议论、大家参与、集体决定的方式。例如，美国人类学家摩尔根在《古代社会》书中，叙述了美洲原始易洛魁人的公共组织机构——氏族议事会，它是该氏族一切成年男女享有平等权利的集会。这种议事会就选举、撤换酋长和军事首领，以及是否为被杀害的氏族成员接受外族赎金或者实行血族复仇等氏族内部事务作出决定。当议事会开会时，男男女女都站在周围，按照规定的程序参加讨论并做出表决。这种以氏族议事会的形式出现的处置集体事务的活动，可以说是治理的原初形态。但也正是这样，表达出了治理的平等、公正、民主、大众参与的本原意义。

人类进入阶级社会后，出现了国家，原始社会的治理，遂转变为国家治理，

* 许耀桐：国家行政学院科研部教授。

即以国家为中心对公共事务进行安排和处理。在古代国家、中世纪国家，国家治理不过是皇帝、国王统治意志的表现，它的本质特征是人治、专制。这样的治理，实际上已经背离了治理的原意，成为治理的反面。近代以降，随着工业生产力的发展，世界各国不断走向民主，追求平等公正，致力于大众参与，国家治理开始向着本原的治理逐步地复归、提升。

唯物史观揭示，国家不过是缓和社会利益冲突而凌驾于社会之上的力量。待到今后国家消亡了，国家从社会那里收取来的权力就将归还于社会，治理也将进入全新的未来阶段。这说明，治理与人类始终相随，只要人类存在，就必然需要治理，它的发展经历着“原始治理—国家治理—未来治理”的历史进程。

国家治理是人类社会中的一个重要阶段，占有重要的历史地位，但它并非是最终、最完美的阶段。国家治理的历史地位，决定了它是达到更好的未来治理的前提。

二、现代化是国家治理的题中应有之义

在国家治理体系和治理能力现代化这个理论命题中，现代化和国家治理现代化又是一个重要的关系。国家治理离不开现代化，现代化则构成国家治理题中应有之义。

现代化（Modernization），在英语中是一个动态的名词，是“要使其成为现代”（to make modern）的意思。Modern（现代）这个词，在欧洲文艺复兴时期的著作里首先使用，人文主义者用它来表达与中世纪时代（农耕时代）相对立的一个新时代。因此，从最早提出的“现代”到后来出现的“现代化”，就是指从农业社会转型为工业社会，使农业社会所具有的典型特征转变为工业社会所具有的典型特征。这样的转型，产生了巨大的社会变迁，一般来说，有着 11 个方面的显著转变和普及，即从手工劳动转向机器操作，自然经济转向市场经济，社会固态转向社会流动，信息封闭转向信息传播，习俗惯例转向规章制度，保守单一转向开放多元，乡村分散转向都市集中，文盲转向知识，愚昧转向科学，人治转向法治，专制转向民主。这 11 个方面的变化，可概括为 11 化：机械化、信息化、科技化、市场化、社会化、城镇化、知识化、民主化、法治化、制度化、多元化。

现代化带来的 11 个广泛变化和国家治理有着怎样的关联度呢？从机械化、信息化、科技化来看，这主要属于生产力和生产率的范畴层面。从市场化、社会化、城镇化、知识化来看，这主要属于经济和社会发展的范畴层面。只有现代化

中的民主化、法治化、制度化、多元化，才与国家治理密切相关。由此可见，尽管现代化与国家治理不是全部直接勾连，但民主化、法治化、制度化、多元化所造成的波及影响实属重大深刻。因此，国家治理现代化不是可有可无的问题，而是现代化过程中的题中应有之义。国家治理现代化的出现，就是要求由国家主导的公共事务治理必须达到民主化、法治化、制度化、多元化，包含法治、德治、共治、自治。

国家治理现代化这个词语，本身意味着国家治理要从未现代化或者前现代化进入现代化。它表明，国家治理作为一个跨度很长的历史时期，自身可以分为未现代化和现代化的两个阶段。现在，中国共产党强调国家治理现代化，就是要进入尚未达到的国家治理现代化的阶段。这就要突出民主化与法治化，保障主权在民和人民当家做主，保证宪法和法律成为国家治理的最高权威；突出制度化建设与促成多元化格局，形成系统完备、科学规范、运行有效的治理制度体系，并在党的领导和国家主导之下实施多元主体构成的协同治理。

三、国家治理现代化是认识现代化的最新成果

国家治理体系和治理能力现代化的形成和提出，是中国共产党高度重视现代化、不断求解现代化的结果。现代化是人类社会不可抗拒的历史大趋势，中国共产党对于现代化的认识横跨了半个多世纪，勾画出四条清晰的轨迹。

一是20世纪中期前后在提出“工业、农业、国防和科学技术的现代化”即“四个现代化”的基础上，提出“社会主义现代化国家”的总目标。毛泽东从1945年的《论联合政府》开始提出工业、农业现代化的问题，到1959年末至1960年初，在读苏联《政治经济学教科书》笔记中，提出了“工业现代化，农业现代化，科学文化现代化，国防现代化”的“四化”。1964年周恩来作《政府工作报告》，正式把“四化”表述为“全面实现农业、工业、国防和科学技术的现代化”。此时，毛泽东还把“四化”上升到一个新的高度，即通过“四化”，要“把我国建设成为一个社会主义的现代化的强国”，这就形成了“社会主义现代化国家”的总目标，“四化”是作为这个总目标下面的主要内容。

二是20世纪后期在探索“社会主义现代化国家”总目标的前提要求下，探索更多方面的现代化问题。1978年党的十一届三中全会提出了“社会主义现代化建设”，邓小平在重提“四个现代化”的同时，更加重视现代化建设问题。他认识到，“四个现代化”不是“社会主义现代化建设”的全部内容，从而把社会

主义现代化建设的内容延伸到更广的范围，它包括经济现代化、政治现代化、法制现代化、社会现代化、教育现代化、人的现代化等诸方面。他指出："现代化建设的任务是多方面的，各个方面需要综合平衡，不能单打一。"[①] 在社会主义现代化建设的诸多方面中，邓小平特别重视市场经济问题，为建立现代市场体系和运行方式，做出了突破性的贡献，奠定了市场化的基础。

三是自中共十三大以来对"社会主义现代化国家"总目标的内涵作出清晰的界定。1987 年中国共产党十三大报告，提出了"把我国建设成为富强、民主、文明的社会主义现代化国家"，这就明确了社会主义现代化国家的内涵是"富强、民主、文明"。此后，这样的内涵规定为十四大至十六大报告所沿用。2007 年中国共产党十七大报告，提出"建设富强民主文明和谐的社会主义现代化国家"，又增加了"和谐"的内涵。"富强民主文明和谐"，实际上概括了国家的经济、政治、社会、文化、生态领域现代化的内容。这也为十八大报告和十八届三中全会通过的《决定》所肯定。

四是在当前的全面深化改革时期提出了"国家治理体系和治理能力现代化"。2013 年中国共产党十八届三中全会通过的《决定》，在继续强调"建成富强民主文明和谐的社会主义现代化国家"的同时，阐明要"推进国家治理体系和治理能力现代化"，提出要搞好政府治理、社会治理、社区治理、系统治理、依法治理、综合治理、源头治理、第三方治理等多方面的国家治理。习近平明确指出："国家治理体系是在党领导下管理国家的制度体系，包括经济、政治、文化、社会、生态文明和党的建设等各领域体制机制、法律法规安排，也就是一整套紧密相连、相互协调的国家制度。"

从上述中国共产党认识现代化的思想进程来看，曾先后形成了关于现代化的 7 个提法，即：工业现代化、农业现代化、国防现代化、科学技术现代化、社会主义现代化国家、社会主义现代化建设、国家治理体系和治理能力现代化。而国家治理体系和治理能力现代化的提出，则是中国共产党认识现代化的最新成果。

四、国家治理现代化具有鲜明的特点

国家治理体系和治理能力现代化作为中国共产党认识现代化的最新成果，体现了三个鲜明的特点：

---

① 《邓小平文选》第 2 卷，人民出版社 1994 年版，第 250 页。

一是国家治理体系和治理能力现代化以及工业现代化、农业现代化、国防现代化、科学技术现代化，这和社会主义现代化国家、社会主义现代化建设相比，它们构成两个不同的层次。社会主义现代化国家和社会主义现代化建设这“两化”，居于目标性、总体性的层次上，具有统摄的作用；而国家治理体系和治理能力现代化以及工业现代化、农业现代化、国防现代化、科学技术现代化这“五化”，居于手段性、方式途径的层次上，是为现代化国家和现代化建设的目标服务的。

二是国家治理体系和治理能力现代化作为社会主义现代化国家、社会主义现代化建设下的一个具体的现代化，毫无疑义，它从属于社会主义。这突出地强调了国家治理体系和治理能力现代化的社会主义道路和社会主义性质。世界上各国实现现代化的道路是不同的，西方国家走的是对内剥削压迫、对外扩张掠夺的资本主义道路，这样的现代化在本质上充满了暴力和血腥。中国的国家治理体系和治理能力现代化，走的是社会主义的道路，依靠的是全体人民的团结、智慧和力量，在本质上充满着和平与和谐。

三是国家治理体系和治理能力现代化作为与工业现代化、农业现代化、国防现代化、科学技术现代化（其中包含了注重现代化建设的经济任务）相并列的“第五化”，是遵循着历史唯物主义的路径，由浅入深地探索了现代化所包含的三大层次，体现了现代化的最高层次。历史唯物主义把社会形态解构为生产力（物质基础）、生产关系（经济基础）、上层建筑以及意识形态三个方面，毛泽东提出“四化”，主要从生产力和物质基础的层面探索现代化；邓小平侧重于现代市场经济问题，主要从生产关系即经济基础、经济体制的层面探索现代化；习近平强调国家治理体系和治理能力问题，主要从上层建筑和思想文化意识形态的层面探索现代化。由此可以看到，随着国家治理体系和治理能力现代化的提出，按照历史唯物主义的科学分析框架，弥补了此前“三缺一”的不足，并且达到现代化的最高层级，使我们对于现代化的整体认识，臻至完善、步入佳境。

德政仁政——中华传统政治治理思想之精华[①]

徐鸿武*

政治治理思想亦称治国之道。德政仁政是中华传统政治治理思想之精华。它像一条红线贯穿于中华传统文化之始终。这是中华传统文化的突出优点和特点，是中华传统文化立于世界文化不败之地的根源。我们依据历史发展线索，略述其大要。

一、姜尚的庶民为本思想

姜尚（姜子牙），又称姜太公。生卒年不详。因辅佐周文王、周武王灭商有功，封于齐。所著兵书为《六韬》《三略》，也是我国最早的治国之学。

姜尚认为治国之道以民为本。他提出“庶民者，国之本。”（《三略·上略》）这里所指“庶民”不包括奴隶，是指具有人身自由的民众。他提出：“军国之要，察众心，施百务。”（《三略·上略》），提出：“失其众则败。”（《六韬·文韬·守土篇》）意思是治理国家的要义，是统治者要体察民心，根据民心忧乐和喜好进行管理，失其民心必然招致失败。

姜尚进一步指出：“天下非一人之天下，乃天下之天下也。同天下之利者则得天下，擅天下之利者则失天下。”（《六韬·文韬·文师篇》）意思是天下非一人所有，而属众人所有。与天下同利者则胜，与天下争利者则败。这些观点在天子独尊等级森严的社会是难能可贵的。

姜尚还提出统治者要爱民如子，使民安居乐业的思想。他说：“故善为国者，驭民如父母之爱子，如兄之爱弟。见其饥寒则为之忧，见其劳苦则为之悲。赏罚如加于身，赋敛如取己物，此爱民之道也。”（《六韬·文韬·国务篇》）意思是统治者对待民众，如父母对子女，兄长对其弟一样关爱，以民之饥寒民之劳苦为忧

① 此文系中国国学文化艺术中心课题。

* 徐鸿武：国家行政学院政治学教研部教授。

悲，赏罚税赋民众如同对待自己一样。他还提出："存养天下之鳏、寡、孤、独，赈赡祸亡之家。"（《六韬·文韬·盈虚篇》），意思是要帮助困难群体渡过灾祸。还提出："下下者，务耕桑，不夺其时，薄赋敛，不匮其财。罕徭役，不使其劳。"使广大农民轻徭薄赋，安居乐业，达到"国富而家娱"。（《三略·上略》）

二、周公（姬旦）的敬天保民思想

周公（姬旦），是周文王姬昌之四子，生卒年不详。因辅佐武王伐纣灭商有功，食邑于周（今陕西岐山东北），史称周公。武王建立西周后，因继承王位的幼子王诵无力亲政，由周公主持朝政，代行国事，政绩显赫卓著。由于他是周朝统治制度的制定者，他的政治思想多记载于一系列的"诰命"之中，其核心内容是敬天保民。

周公的政治理念以上天意志来说明王朝的更替。他提出："惟命不于常。"（《周书·康诰》）意思是上天所赐予的不是固定不变的，上天不会永远保佑某一个王朝。他认为由于商殷"不适逸"，"故天降丧于殷。罔爱于殷，惟逸。天非虐，惟民自速辜。"（《周书·酒诰》）意思是商的嗣王胡作非为，奢侈无度，引起人民的怨恨，被上天抛弃了。而周文王关怀民众，勤于政事，明德慎罚，被上天知道了，上天就命令周文王灭掉了商，以此来论证周人灭商，是顺从天命的合理性，论证周人灭商是顺从民意的正当性。

周公认为敬天和保民是统一的，只有保民，才能得到上天的佑助。他提出"惟民其康"。（《周书·天逸》）"治民祗惧，不敢荒宁。""知稼穑之艰难""知小民之依"（"依"意为衣），意思是必须知道民众的辛勤劳作和生活困苦。

周公还提出："天畏棐忱，民情大可见。"（《周书·康诰》）意思是上帝令人畏惧，它是否保佑你，必须从民情中体现出来。他还说："人无于水监，当于民监。"（《周书·酒诰》）意思是民情是反映天命的镜子，要从民情中体察天命。在天命至上的时代，这一观点是极有远见的，是一个巨大的进步。

三、孔孟的德政仁政思想

孔子（约公元前551年—前479年），名丘，字仲尼，春秋鲁国人。我国古代杰出的思想家、政治家、教育家，儒家学派的创始人。他的德政仁政思想丰富多彩、博大精深，影响深远。

孔子提出来"为政以德"的重要思想和重要命题。他指出："为政以德，譬如北辰，居其所而众星共之。”（《论语·为政》）意思是说用道德教化来治理国家，老百姓就像群星围绕北斗星一样拥戴他。他还提出：“道之以政，齐之以刑，民免而无耻；道之以德，齐之以礼，有耻且格。”（《论语·为政》）意思是以政法引导以刑罚整治，百姓不敢做坏事，但不知其耻。以道德引导，以礼制治理，百姓就会自觉遵守法纪。

孔子提出了“使民以义”的思想，他说“道千乘之国，敬事而信，节用而爱人，使民以时。”（《论语·学而》）意思是统治者要节约费用，爱惜人力，不违农时。他还主张：“敛从其薄。”“百姓足，君孰与不足；百姓不足，君孰与足。”（《论语·颜渊》）虽然出发点是君足，但主张轻徭薄赋，有利于民生。

孔子首次提出“仁”的概念。“樊迟问仁，子曰：爱人。”（《论语·颜渊》）樊迟问孔子什么是仁？孔子说，爱护他人就是仁。他还说：“里仁为美。择不处仁，焉得知。”（《论语·里仁》）意思是居住在充满仁德的地方，是最美好的。不选择有仁德的地方居住，怎么算是有智慧呢？

孔子把“仁”的概念加以延伸，提出：“己所不欲，勿施于人。”（《论语·颜渊》）意思是自己不喜欢的事情，不要强加于人。他进一步指出：“己欲立而立人，己欲达而达人。”（《论语·雍也》）意思是自己想要树立的，就先让别人树立。自己想要实现的理想，就先要帮助别人实现理想。这是更高的思想境界。

孟子（约公元前371年—前289年），名轲，字子舆，山东邹县人。为战国时期儒家学派的集大成者。受业于孔子之孙子思。曾为齐宣王客卿。晚年从事讲学与著述。他的思想与孔子思想相近，因此被后世称为“亚圣”，孔子儒学亦被称为孔孟学说。孟子的德政仁政思想是他学说的中心内容。

孟子的德政仁政思想是建立在人性善的基础之上的。他提出：“恻隐之心，仁之端也。”“有不忍人之心，斯有不忍人之政矣。以不忍人之心，行不忍人之政，治天下可运之掌上。”（《孟子·公孙丑上》）意思是用恻隐之心从事政事，治理天下易如反掌。由此才能做到“仁政无敌”（《孟子·梁惠王下》）。

孟子提出“民贵君轻”的思想。这是对“君重民轻”思想的勇敢挑战。他的著名论断是“民为贵，社稷次之，君为轻”（《孟子·尽心下》）。孟子还进一步阐明重民的重大意义。指出：“桀纣之失天下也，失其民也；失其民者，失其心也。”（《孟子·离娄上》）还指出：“得道者多助，失道者寡助。寡助之至，亲戚畔之；多助之至，天下顺之。”（《孟子·公孙丑下》）阐明了得民心得天下的道理。

孟子还提出“制民产”“使民有道”的思想。他认为制民有“恒产”，没有

“恒产”，民众不能安居乐业。他提出“恒产”为仁政之本，他设计“五亩之宅”“百亩之田”的理想方案。“五亩之宅，树之以桑，五十者可以衣帛矣……百亩之田，勿夺其时，数口之家，可以无饥矣”（《孟子·梁惠王上》）。还提出轻徭薄赋，保护工商的政策。“王如施仁政于民，省刑罚，薄税敛，深耕易耨。”（《孟子·梁惠王上》）“市，廛而不征，法而不廛，则天下之商皆悦。”（《孟子·公孙丑上》）这些思想虽然有理想主义色彩，但其重民、惠民、养民思想是显而易见的。

四、老子的无为与善政思想

老子姓李名耳，字聃，春秋末楚国苦县人，生卒年不详，曾任周代守藏室之史。孔子曾向老子问礼。周室衰微，老子隐退，经函谷关，关令尹喜强请老子著书，老子遂作《道德经》。该著作在全国乃至全世界影响深远。老子成为道家学派的创始人。

老子是客观唯心主义者，老子的“道”是老子思想体系的最高范畴，是万物的本源。“道生一，一生二，二生三，三生万物。”（《道德经》第四十二章）“道”是什么？是唯物主义的物质存在吗？不是。“道”是妙不可言的，就像黑格尔的“绝对精神”一样。这种客观唯心主义，区别于宗教中的上帝决定论，是哲学史上的一大进步。

老子主张“无为而治”，反对管理者对社会的过多干预，让人们过上心理平衡和无忧无虑的生活。他把管理者按照管理繁简程度分为四类：“太上，不知有之；其次，亲而誉之；其次，畏之；其次，侮之。”（《道德经》第十七章）在老子看来，最好的领导者，人们仅仅知道他的存在，从不受他的干涉。其次一种是以德治理，领导者以身垂范，给人们带来实惠，受到人们的拥戴。第三类是以法治理专施惩处，使人们畏惧。最坏的是既无能又腐败，受到人们的痛恨。

老子憧憬人们过着简约世俗生活的理想社会，在这里人们“甘其食，美其服，安其居，乐其俗，邻国相望，鸡犬之声相闻，民至老死不相往来”。（《道德经》第八十章）这实际上是一种淳朴的、平等的、自给自足的小国寡民的社会。

老子主张统治者减少政事活动，统治者要“去甚，去奢，去泰”（《道德经》第二十九章）意思是统治者要简化政事，慎用刑罚，减少赋税，厉行节俭。他有一句名言：“治大国，若烹小鲜。”（《道德经》第六十章）意思治理大国是一种简易之事，但也必须谨慎从事，不可大意。

老子的善政思想与儒家的德政仁政思想有异曲同工之妙。他是讲善政最多的人之一。他提出："上善若水，水善利万物而不争。""居善地，心善渊，与善仁，言善信，正善治，事善能，动善时。夫唯不争，故无尤。"（《道德经》第八章）意思是至上的善，像水一样对人无私奉献，具有博大胸怀，滋生万物，给大地带来勃勃生机，从不追求私自功利。它立身于善的根基，专心善的本源，待人真诚友爱，讲话坚守信用，行使善的治理，发挥善的能力，把握善的时机。这七个方面做到了，就具有不争的美德，所以没有怨怼。

五、墨子的兼爱尚同思想

墨子，姓墨名翟，（约公元前 468 年—前 376 年）鲁国人，生活于春秋与战国之交。著有《墨子》一书，是墨家学派的创始人，他的主要观点是兼爱、尚同、节用等。

墨子提出"兼相爱，交相利"（《墨子·兼爱下》）的著名论断。意思是相互友爱，大家都会得到益处。他指出："若使天下兼相爱，国与国不相攻，家与家不相乱，盗贼无有，君臣父子皆能孝慈，若此则天下治。"（《墨子·兼爱上》）意思是如果天下人彼此相爱，国与国不相攻战，家与家不相侵扰，盗贼灭绝，君臣父子互相孝敬慈爱，天下就会安定。他还提出"非攻"的重要命题，反对"国相攻""家相篡""人相贼""强执弱""众暴寡""贵傲贱""智诈愚"。

墨子"兼相爱"是他治理国家的理想境界。"尚同"是实现"兼相爱"理想境界的基本途径。首先，主张"尚同一义"（《墨子·尚同中》）反对"一人则一义，二人则二义，十人则十义。"（《墨子·尚同上》）他主张以最高统治者的思想为最高标准，指"皆上同于天子"，"天子之所是，必亦是之；天子之所非，必亦非之。"（《墨子·尚同中》）其次，"尚同"必须做到"上通下情"，"上之为政，得下之情则治，不得下之情则乱。"（《墨子·尚同下》）统治者必须了解下情，只有了解下情，才能治理安定。

墨子的"节用"思想也是他治国理政的重要组成部分。他反对统治者的奢侈浪费、歌舞升平和厚葬之风。他提出统治者奢靡无度，"国家必贫，人民必寡，刑政必乱。"（《墨子·节葬下》）指出："诸加费，不加于民利者，圣王弗为。"（《墨子·节用中》）意思是加重赋税，不为民众利益着想，不是圣王之所为也。

六、刘邦的与民生息思想

刘邦（前256年—前195年）字季，江苏沛县人。出身农民家庭，曾为秦代泗水亭长，在秦末农民大起义混乱中，乘机举兵，逐渐发展壮大，推翻秦王朝统治，又击败与他争天下的项羽，建立西汉王朝，即汉高祖。在位12年，创立汉朝盛世基业。

刘邦起义后，告谕“约法三章”，废除秦法酷刑，深得人心。他在告谕中说：“父老苦秦久矣，诽谤者族，偶语者弃市。……吾与父老约法三章耳：杀人者死，伤人及盗抵罪。余悉除去秦法。诸吏人皆案堵如故。凡吾所以来，为父老除害，非有所侵暴，无恐！”意思是父老乡亲们苦于秦的苛政太久了。批评朝政就要灭族，偶尔议论就要杀头。我与父老乡亲约定三章法规：杀人的要处死，伤人的和偷盗的要抵罪。其他废掉秦的法令，诸官吏都安定不变。我到这里就是为民除害，不要恐慌！此告谕对刘邦起义推翻秦王朝起了重要号召作用。

刘邦即位时，全国面临凋敝残乱局面，全国人口减少三分之二，哀鸿遍野，百业俱废。为了适应这种艰难形势，刘邦提出了与民休养生息的思想。

首先，规劝乡民回乡务农，减轻田赋负担。他号召在战乱中逃亡山泽的人还乡故土，并下令因生活困难自卖为奴婢的人，恢复庶民身份，开垦荒地，头几年免征田赋。后又按粮食产量“十五而税一”（《汉书·食货志》）。轻赋政策调动农民的生产积极性，促进了经济的好转。

其次，复员军人，解甲归田。刘邦要求“兵皆罢归家”，“以有功劳行田宅”（《汉书·高祖纪》），给予复员官兵以较好的土地住宅。入关灭秦的关东人愿留关中的，免除徭役12年，回关东的免除徭役六年。几年后这些复员军人很快成为中小地主和自耕农，成为汉王朝的社会基础。

再次，在财政政策方面，加强中央财政管理对地方财政实行“量吏禄，度官用，以赋于民”（《汉书·食货志》），尽可能压缩财政开支，减轻人民负担。这对医治战争创伤，安抚人心，稳定社会秩序，发挥了积极作用。

七、诸葛亮的仁德感化思想

诸葛亮（公元181年—234年），姓诸葛，名亮，字孔明，琅玡阳都（今山东沂南县）人，幼年父母丧逝，随叔父诸葛玄到荆州投靠刘表。后隐居隆中（今湖北襄阳西），潜心读书，关心世事。公元207年，在刘备三顾茅庐的感召下，出任军师。蜀汉政权建立后，任丞相，主持政务。

他的德政仁政思想有自己的独特之处，就是“仁德感化”思想，尤其对待云贵少数民族，运用娴熟自如。西南地区由于交通不便，民族风俗习惯不同，语言也有一定障碍，诸葛亮在征服少数民族时，采取了安抚怀柔的“仁德感化”政策，提出了“攻心为上，攻城为下，心战为上，兵战为下”（《诸葛亮集·南征教》）的策略，并帮助少数民族地区发展经济，很快得到诸部落首领诚心归顺。“七擒孟获”就是一个生动的“仁德感化”取得胜利的典型例证，在当地传为历史佳话。

诸葛亮主张“为政以安民为本”（《诸葛亮集·又称蒋琬》）。他十分重视发展农业，兴修水利，在成都建“九里堤”。主张养蚕缫丝，发展桑丝产业，并亲自“植桑八百株”把蜀绵技术传至少数民族地区。（《诸葛亮集·教会》）主张薄徭轻赋，开源节流，“每从菲薄以益国用，劝分务穑以阜民财”（《诸葛亮集·为后帝伐魏诏》），增强国家财力。

八、李世民的民为邦本思想

李世民（公元 599 年—649 年），陇西贵族出身，唐高祖李渊次子。李渊晋阳起兵称帝，公元 626 年李世民在长安宫玄武门发动事变，伏杀太子李建成和齐王李元吉，迫使李渊交出帝位，称帝唐太宗，次年改年号为贞观。业绩辉煌，国泰民安，史称“贞观之治”。

李世民的重要治国理念是民为邦本，他十分赞同《尚书·五子之歌》中的“民为邦本，本固邦宁”，并提出了“君依于国，国依于民”的著名论断。（《资治通鉴》卷一百九十二《唐纪》）贞观十四年魏徵上疏唐太宗说：“荀卿子曰：君，舟也，民，水也。水所以载舟，亦所以覆舟。故孔子曰：鱼失水则死，水失鱼犹为水也。”（《贞观政要·君臣鉴戒》）此上疏为唐太宗欣然接受。可以看出唐太宗高度重视民众在治理国家中的重要地位。他重视农业生产，主张民众休养生息，主张轻徭薄赋，减轻民众负担，还采用均田、垦荒、兴修水利、设置义仓、奖励人口生育等政策，这些主张和政策对恢复生产，繁荣经济，促进社会安定，发挥了重要作用。

为了实现他的民为邦本的理念，李世民兼听纳下，从谏如流。他认识到“明主思短而益善，暗主护短而永愚”（《贞观政要·求谏》）。谏议大夫魏徵是历史上著名“犯颜切谏”的忠臣，他担任谏议大夫的三年中，提出进谏二百多条，深得李世民的信赖。他病故后，李世民悲痛地说：“以铜为镜，可以正衣冠；以古为镜，可以知兴替；以人为镜，可以明得失。朕常保此三镜，以防己过。今魏徵殂逝，遂亡一镜矣！”（《隋唐嘉话》卷上）他颁布号令，号召臣僚向魏徵学习直谏无隐。他善纳进谏是初唐盛世的重要原因。

九、朱元璋的安民治吏思想

朱元璋（1328年—1398年），安徽凤阳人，农民出身，少时曾因生活贫穷当过和尚讨过饭。在元末群雄四起，天下大乱之时，参加了郭子兴领导的红巾军，由九夫长、镇抚、总管、元帅、吴国公，一直做到吴王。他力挫群雄，1368年在南京建立大明王朝，称明太祖，年号洪武，在位三十一年，开创大明王朝的盛世基业。

朱元璋的政治思想，以安民为突出特点。明初由于长期战乱，经济遭到严重破坏，土地荒芜，人民流离失所，人口锐减，也由于他本人出身贫寒，朱元璋深知安民利民恤民的重要。在战争年代，他就提出“克城以武，戡乱以仁”（《明史·太祖纪》）。意思是以武攻城，以仁治理。他还说：“元运将终，君则有罪，民复何辜。前代鼎革之际，肆行屠戮，违天虐民，朕实不忍。请将克城之日，毋肆焚掠，毋妄杀人，民安其生。”（《朱元璋系年要录·洪武元年》）大明王朝建立后，朱元璋建立了不少关于安民养民、休养生息的政策。他说：“朕本农夫，深知民间疾苦。”（《朱元璋系年要录·洪武六年》）“夫善政在于养民，养民在于宽赋。”（《朱元璋系年要录·至正二十八年》）致使经济逐步得到恢复，人民生活逐步得到改善。

朱元璋政治思想的另一个特点是“重典治贪”。他说：“吾治乱世，刑不得不重。”（《明史·刑法志》）他要营造从严治吏的气氛，使人警惧。“使人知所警惧，不敢轻易犯法。”（《明太祖实录》卷二百三十九）他从严治吏，不分亲疏。开国元勋永嘉侯朱亮祖因犯受贿罪被下令鞭死。驸马欧阳伦因贪污被下令赐死。不论官职高下和是否亲属，犯法者一律严惩。这是难能可贵的。

十、康熙的道不扰民思想

康熙（公元1654年—1722年），姓爱新觉罗，名玄烨，满族，八岁登基，十四岁亲政，为清世祖，年号康熙。他削三藩，收复台湾，抗击帝俄，平定西藏叛乱，形成了中国的版图。他重视农业生产，奖励垦荒，治理黄河和大运河，在发展科技文化，奖励工商，倡导对外交往等方面都取得了卓著业绩，开创了“康乾盛世”，被誉为“千古一帝”。

他的治国理念是与民休息，道不扰民。他提出：“正宜休息生养，徒加尊号何益于治。”（《清圣祖实录》卷一百八十四）“从来与民休息，道在不扰，与其多一事，不如省一事。朕观前代君臣，每多好大喜功，劳民伤财……虚耗元气，上下讧嚣，民生日蹙，深可为鉴。”（《康熙政要》卷一《论君道》）他对君王的好大喜功深恶痛绝。

他把道不扰民的治国理念贯穿于他的吏治过程中。他提出：“从来民生不遂，由于吏治不清。长吏贤则百姓自安矣。”（《清圣祖圣训》卷六）他在晚年总结自己的治国经验时指出：“朕君临海寓，垂五十年。每念致治之道、以任贤能、安民生为急务。”（《清圣祖实录》卷二百五十七）他整顿吏治，严肃纪纲，重典治贪，对民生蠡贼，严惩不怠。他提出：“致治安民之道，首在惩戒贪蠹。”（《御制文集》第一集第十卷）由此形成了民生休养、社会稳定、政治清廉的局面。

国家安全委员会的缘起与特点

于 军*

党的十八届三中全会指出："建立国家安全委员会，完善国家安全体制和国家安全战略，确保国家安全。"设立国家安全委员会有利于加强集中统一领导，协调各种战略力量，统筹各种战略资源，减少决策层次，提高决策效率。这是中国与时俱进，创新国家治理体系的重大战略举措。

他山之石，可以攻玉。研究其他国家的国家安全机制，汲取可资借鉴的经验，避免其失败的教训，这对加深了解我国国家安全委员会的成因以及即将发挥的作用，将是十分有意义的。

通过对美国、法国、日本、俄罗斯、印度、巴西、以色列等国国家安全机制的调查研究，我们发现，虽然各国建立国家安全机制的时代、背景、原因和目的各不相同，但各国国家安全机制具有以下普遍特点：

一是各国国家安全机制均是根据国内外安全形势的变化和需要形成的。

美国的国家安全委员会成立于 1947 年，是冷战的产物。1947 年，美国颁布《国家安全法》，对二战期间的美国军事力量进行综合，成立了国防部，并对二战期间的情报系统进行整顿，成立了美国中央情报局。在国安会第一次会议上，杜鲁门总统批准了国安会提出的"全球遏制苏联共产主义"的政策文件，这份文件主导了整个冷战时期的美国对苏战略。

法国建立"国内安全委员会"是基于反恐的需要，起因是 1985 年和 1986 年期间，法国遭遇了前所未有的系列恐怖袭击和爆炸事件，直到 2008 年 10 月萨科齐总统决定成立"国防与国家安全委员会"，法国最高国家安全机构的模式才最终确定下来。

俄罗斯联邦安全会议成立于 1992 年 6 月，其前身是 1990 年成立的苏联安全会议。

* 于军：国家行政学院政治学教研部副主任，教授，国际事务与中国外交研究中心主任。

巴西可能是世界上少有的几个很早就拥有系统的国家安全机制和理论的国家，1935 年就颁布了最早版本的国家安全法。巴西国家安全委员会是国内乱局和国际冷战的产物。从 20 世纪 90 年代起，巴西开始重建并不断完善国家安全新机制。

以色列“安全内阁”的正式设立是进入 21 世纪后的事情，但其历史可追溯到 1973 年的“赎罪日”战争，即第四次中东战争。

日本是在 2013 年 11 月 27 日成立日本版的国家安全委员会——“国家安全保障会议”，其执行机构是国家安全保障局。日本成立国家安全保障会议的目的是要摆脱二战后的和平条约对它的约束，恢复军事大国地位，其动向值得人们高度警惕。

二是各国国家安全机构组成人员都不多，且都由国家元首担任主席。其他正式成员有外交部长、国防部长及负责国安会日常工作的高级官员。召开会议时，根据内容和需要邀请其他政府部长和官员参加。

美国国家安全委员会的法定成员总统、副总统、国务卿和国防部长，其他成员有财政部长、能源部长和总统国家安全事务助理。

俄罗斯联邦安全会议由总统任主席，常务成员有 12 人，普通成员 16 人，人选由联邦安全会议秘书提议，联邦总统批准。

印度的国家安全委员会由 7 人组成，印度总理担任主席，成员包括国家安全顾问、国防部长、外交部长、内政部长、财政部长和计划委员会主席。

以色列“安全内阁”是由居于最重要地位的几位部长组成的小内阁，仅包括总理、国防部长、外交部长、财政部长、司法部长等不到 10 名核心内阁成员。

日本国家安全保障会议的法定成员由首相、官房长官、外务大臣和防卫大臣 4 人组成。

三是国家安全机构一般都不是制定政策的机构，而是总统或总理的最高参谋和智囊机构。

召开国家安全机构会议时，与会者向总统提供信息和自己的看法建议，对所讨论的问题不进行投票表决，最后由总统决策。

四是国家安全机构的职能是攘外安内统筹兼顾，不同时期侧重面不同，通常情况是在外交上遇有涉及国家安全的重大问题时发挥作用较多。

各国国家安全委员会规定召开会议的时间不一。

五是国家安全委员会处理的问题出现由传统国家安全问题向非传统国家安全问题拓展的趋势。

六是在国家安全委员会内部，情报机构和舆论宣传机构发挥着巨大的作用。

美国的情况最为突出。

七是国家安全委员会在运行中最容易出现的问题是权力过大和权力超限。

尼克松时期，美国国家安全委员会几乎成为美国外交决策的唯一机构，基辛格不仅是尼克松的白宫总管和首席顾问，而且成为总统外交政策的发言人和执行者。国安会权力超限，使得美国传统的外交政策机构及其官员的作用大为削弱，加深了内阁成员间的矛盾。

巴西在 1964 年—1985 年的军政府时期，国家安全委员会以军队系统为主导，以维持国内政局稳定和军人统治为主要目标。军政府下台后，巴西于 1988 年颁布了现行宪法，成立国家服务委员会，取代了国家安全委员会。

印度的国家安全委员会则是另一种情况，除了国防部长外，并没有其他军方代表参加，三军参谋长只是在需要时才被邀请参加，印度军方在国安会的发言权较小。

对国家治理现代化基本架构的几点认识

孙增武*

一、为什么将国家治理体系和治理能力现代化作为全面深化改革的总目标

十八届三中全会《中共中央关于全面深化改革若干重大问题的决定》（以下简称《决定》）提出："全面深化改革的总目标是完善和发展中国特色社会主义制度，推进国家治理体系和治理能力现代化。"习近平总书记在十八届三中全会第二次全体会议上讲话指出："国家治理体系和治理能力是一个国家制度和制度执行能力的集中体现。国家治理体系是在党领导下管理国家的制度体系，包括经济、政治、文化、社会、生态文明和党的建设等各领域体制机制、法律法规安排，也就是一整套紧密相连、相互协调的国家制度；国家治理能力则是运用国家制度管理社会各方面事务的能力，包括改革发展稳定、内政外交国防、治党治国治军等各个方面。国家治理体系和治理能力是一个有机整体，相辅相成，有了好的国家治理体系才能提高治理能力，提高国家治理能力才能充分发挥国家治理体系的效能。"

这一总目标的提出是对邓小平同志 1992 年提出的"恐怕再有三十年的时间，我们才会在各方面形成一整套更加成熟、更加定型的制度"战略思想的继承和发展，是坚持和发展中国特色社会主义制度的必然要求，是实现社会主义现代化的应有之义，还是在我国历史传承、文化传统、经济社会发展的基础上长期发展、渐进改进、内生性演化的结果。

这一总目标的提出是对我国 35 年改革开放认识的升华。我国自 1978 年开始了史无前例的改革开放以来，至十八届三中全会前，历经了 1978 年—1988 年（十一届三中全会—1988 年治理整顿前）"快速起步、各个击破，实践先

* 孙增武：河北行政学院副院长，教授。

行、理论纠结”的“扬帆起航”阶段，1988年—1992年（开始治理整顿至邓小平同志南方讲话）的“实践休整、理论沉思，权衡抉择、明确航向”的“遇浪间歇”阶段，1992年—2001年（邓小平同志南方讲话至中国加入世界贸易组织）“循序渐进、加速推进，实践与理论比翼齐飞”的“加油提速”阶段，2001年—2012年（中国加入世界贸易组织至十八届三中全会前）的“攻坚克难、拾遗补缺，实践和理论在新的高度整合”的“深水慎行”阶段。整个改革呈现出从点到面、从下到上、从易到难、从实践到理论、从分散到系统的特点。改革开放的伟大实践和成就一方面告诉我们，必须坚持改革开放，坚持市场经济方向，坚持中国特色社会主义道路。另一方面也提示我们，改革进入“总装”阶段，进一步的改革必须要有明确的、拿总的目标，用这个目标切实引导全面深化改革朝着正确的方向前进；用这个目标指导改革的顶层设计，提高改革的系统性、整体性、协同性。

这一总目标的提出是对国家治理一般规律认识的升华。纵观人类社会发展进程，多数国家的治理普遍经历了从传统到现代的过程。民主政治从统治到民治，治理结构从一元到多元、从垂直到扁平，治理权责从集中到分散，治理方式从人治到法治，治理手段从落后到先进。中国不断摒弃传统治理，发展现代治理，初步建立了自己的国家治理体系和治理能力的基本架构。这个架构总体上是好的，是适应我国国情和发展要求的。但相比我国经济社会发展要求，相比人民群众期待，相比当今世界日趋激烈的国际竞争，相比实现国家长治久安，我们在国家治理体系和治理能力方面还有许多不足，有许多亟待改进的地方，还需要从各个领域推进国家治理体系和治理能力现代化。

二、国家治理现代化的主要标志和我国国家治理现代化的本质属性

国家治理现代化的主要标志应从两个层面进行度量，一是从治理外在效果或最终结果来衡量，是具有终极意义的标准，主要包括政局平稳国家安全、经济健康环境美好、文化先进心态积极、公平公正社会稳定、应对有效危机良治、清正廉明风清气正等指标。二是从治理体系及其运行的内在特征上来衡量，是评价治理体系和能力自身优劣的标准，主要包括民主治理、结构合理、责权分散、制度健全、方式法治、手段先进等指标。国家治理现代化的内在标志也可以说就是它的基本特征。

这两个层面的标志无论从理论上还是实践上都应该是一致的，内在特征优秀、先进，外在效果就会令人满意，反之，内在特征不良，外在效果必然不尽如人意。当然，在出现社会变动或处在临时治理的状态下，会呈现两者不符的情况。值得一提的还有，内在特征不是国家治理具体形式或模式的规定，不同的治理形式或模式，可以表现出同样的特征。比如，只要是为民治理、参与普遍，无论什么样的政治制度和体制，都符合“民主治理”这一特征。同样，只要坚持依照国家宪法法律治国理政，就符合“方式法治”的特征。

中国国家治理体系和治理能力现代化具有三个本质属性，即党的领导、人民性和法治性。这是由中国特色社会主义政治制度决定的，也是由国家治理现代化基本特征决定的，是既借鉴人类政治文明有益成果，又不照搬西方政治制度模式的结果。党的领导是人民性和法治性的根本保证。没有党的领导，就没有人民民主，就没有国家治理现代化，也就不可能建成社会主义法治国家。人民性既是人类文明的基本精神，更是马克思主义群众观点在国家治理中的具体运用，是社会主义民主政治的根本要求。人民性规定了国家治理“为了谁”和“依靠谁”的根本路线问题。法治性是党领导人民治理国家的基本方略，是社会主义民主政治的基本要求，是人民民主的制度化、法律化运作，也是现代国家治理理念和方式的题中之义和必然要求。

党的领导、人民性和法治性构筑了国家治理现代化的本质属性，是国家治理体系的核心要件，也是国家治理能力的基本遵循。这三个属性有机统一、互为必须、缺一不可。中国共产党的性质与人民性从本质上是一致的，以人民群众的意志为动力基础和奋斗目标，并主张和坚持依法治国方略。坚持党的领导是落实人民性和法治性，推进国家治理现代化的政治保障。人民性决定了党领导和依法推进国家治理现代化的方向，是以人民群众根本利益为出发点和最终目的，也规定了推进国家治理现代化必须坚持走为了群众、依靠群众的群众路线。法治性是党的主张和人民群众意志相统一的有效载体，是坚持党的领导和人民性的制度环境、行为方式和实现渠道。只有将党和人民群众的意志渗透于法治，才能确保国家治理具备现代、文明的法治思维和规范化、程序化的方式，将党的领导和人民性以最好的方式得以实现。邓小平在总结“文革”教训时就指出：“为了保障人民民主，必须加强法治。”习近平在2014年中央政法工作会议上指出“要正确处理党的政策和国家法律的关系，党的政策和国家法律都是人民根本意志的反映，在本质上是一致的”。

三、国家治理现代化的治理结构

国家治理结构就是参与治理国家的各个主体角色职能定位及其相互关系。我国国家治理现代化应当是党委领导、政府主导、市场主演、社会协作、公民参与的多元共治结构。这是国家治理现代化本质属性规定的，也是由国家治理现代化基本特征决定的。经过长期的社会主义建设，特别是改革开放的伟大实践，我国在国家治理方面，特别是国家治理结构上，形成了一套良好的基本框架，奠定了向现代化推进的基础，但是在各主体的职能分工、职责的有效发挥以及相互之间的良好互动等方面还存在诸多不顺，须在推进国家治理现代化的进程中加以优化。

一是大力改进和加强党委对推进国家治理现代化工作的领导，提升党的领导力。特别要注重通过保持党的先进性、纯洁性，提升党的软领导力，善于将党的意志、主张、路线和方针通过国家宪法、法律和制度途径方式来实现。

二是政府治理在推进国家治理现代化工作中处于主导地位，应重在发挥好“主导、搭台和兜底”作用。关键是找准政府定位，把该做的事做好。这就要加快转变政府职能，深化行政体制改革，创新行政管理方式。按照十八届三中全会《决定》提出的“使市场在资源配置中起决定性作用和更好发挥政府作用”和“实现政府治理和社会自我调节、居民自治良性互动”精神，将政府治理聚焦于营造制度环境、发展环境，保护生态环境以及民生、正义托底的主导作用上来。

三是市场治理要激发市场主体活力和市场动力，使市场在资源配置中起决定性作用。要坚持和完善基本经济制度，积极发展混合所有制经济，推动企业建立完善现代企业制度，破除市场要素优化配置的障碍，废除各种形式的不合理规定，消除各种壁垒，建立公平开放透明的市场规则，创造权利平等、机会平等、规则平等的经济制度环境和现代市场体系，让各类市场主体都平等享受各种资源。

四是社会主体要在市场经济发展这台大戏中扮演好协作、调节、配合的角色，努力解决好人民最关心最直接最现实的利益问题，实现发展成果更多更公平惠及全体人民，让公平正义得以彰显。最大限度增加和谐因素，增强社会发展活力，确保人民安居乐业、社会安定有序。社会主体是社会治理的主要力量，主要包括教育科技、医疗、社保、慈善等社会事业组织，以及协会、商会、城乡社区组织等社会自律自治组织。近年来，我国社会组织规模快速增大，2011 年达到

46.2万个，但是无论从规模结构、职责发挥来看，还是从制度规则与运行的规范性来看都远不适应国家治理现代化的需要。这既与政社关系受制于政府职能转变而使社会组织难以发挥作用有关，也与对社会组织的培育、监管以及社会组织自身建设严重滞后有很大关系。因此，应本着社会化、公益化、规范化的原则加快实施政社分开，推进社会组织明确权责、依法自治、发挥作用。适合由社会组织提供的公共服务和解决的事项，交由社会组织承担。

五是公民参与是实现民主治理的基本途径，要本着普遍参与、诉求通达、渠道畅通、方式合法的原则，建立社会参与机制，发挥人民群众积极性、主动性、创造性。畅通民主渠道，健全基层选举、议事、公开、述职、问责等机制。开展形式多样的基层民主协商，推进基层协商制度化，建立健全居民、村民监督机制，促进群众在城乡社区治理、基层公共事务和公益事业中依法自我管理、自我服务、自我教育、自我监督。健全企事业单位民主管理制度，加强社会组织民主机制建设，保障职工参与管理和监督的民主权利。

四、国家治理现代化的实现路径

推进国家治理现代化这项工程极为宏大，零敲碎打调整不行，碎片化修补也不行。必须立治有体、施治有序，在总目标统领下，按照全面深化改革“六个紧紧围绕”的路线图全面系统整体推进，协调有序联动集成，形成总体效应，取得总体效果。

一是在推进各项改革的进程中，要坚定自信，有主张、有定力，坚持走自己的路。坚守我们的核心价值观，加快构建充分反映中国特色、民族特性、时代特征的价值体系。

二是在推进各项改革的进程中，要按照习近平同志提出的“抓统筹、抓方案、抓落实、抓调研”的要求，全面推动各项改革。

三是在推进各项改革的进程中，做到“蹄疾而步稳”。对改革进程中已经出现和可能出现的问题，困难要一个一个克服，问题要一个一个解决，既敢于出招又善于应招。

四是在推进各项改革的进程中，要坚持顶层设计与摸着石头过河相结合、立法先行、依法治理的方式方法。不断构建新的体制机制、法律法规，使各方面制度更加科学、更加完善，实现国家治理制度化、规范化、程序化。高度重视运用法治思维和法治方式，发挥法治的引领和推动作用，加强对相关立法工作的协调，确保在法治轨道上推进改革。配合经济、政治、文化、社会、生态文明、党的建设、国防与军队建设等方面改革节奏，健全制度、法律法规和各项规则体系，切实做到凡属重大改革都要于法有据。所有组织均要维护宪法法律权威，遵守现代法治原则。对公共权力部门坚持“非允即禁”的原则，实行权力清单制度，把政府工作全面纳入法治轨道，用法治思维和法治方式履行职责。对私人领域遵循“非禁即允”的精神，实行依法治理。

五是在推进各项改革的进程中，要破除一亩三分地的思维，建立有权威、推得动的协调机制和科学合理的联动与补偿机制，尽快实现京津冀区域治理一体化。

参考文献

[1]《中共中央关于全面深化改革若干重大问题的决定》单行本，人民出版社2013年版。

[2] 习近平在中央政法工作会议上强调坚持严格执法公正司法深化改革促进社会公平正义保障人民安居乐业，《人民日报》2014年1月9日。

[3] 习近平主持召开中央全面深化改革领导小组第一次会议强调把握大局审时度势统筹兼顾科学实施坚定不移朝着全面深化改革目标前进，《人民日报》2014年1月23日。

[4] 习近平主持召开中央全面深化改革领导小组第二次会议强调把抓落实作为推进改革工作的重点真抓实干蹄疾步稳务求实效，《中央政府门户网站》2014年2月28日。

[5] 习近平在省部级主要领导干部学习贯彻十八届三中全会精神全面深化改革专题研讨班开班式上发表重要讲话强调完善和发展中国特色社会主义制度推进国家治理体系和治理能力现代化，《人民日报》2014年2月18日。

[6] 李克强在十二届全国人大二次会议上作的政府工作报告（摘要），《光明日报》2014年3月6日。

国家治理变迁的困境及其反思：一种比较观点

时和兴*

国家治理体系和治理能力现代化，已经成为当下人们热议的话题。讨论这一话题，不仅要关注国家治理体系和治理能力本身，还要省思现代化进程问题。在现代化背景中思考国家治理体系的健全和完善，探索国家治理能力的提升，人们就会看到，国家治理体系和治理能力现代化的过程，就是一个不断克服治理危机的过程，也是一个不断走出治理困境的过程。总言之，危机是从无法解决的控制问题中产生出来的。① 历史地看，人类政治发展会不断面临各种各样的困境。无论是与工业化相关联的现代化进程，还是与后工业化相伴随的后现代化进程，抑或是与制度变迁相同步的体制转轨进程，政治发展中的控制危机或多或少都发生了。"没有形式相同的危机，也没有规模相同的危机，但是所有的体制都同样受到社会发展的冲击。"② 虽然全球各国政治发展并非是同步进行的，但在20世纪后半叶，不同发展阶段的国家治理体系在世界不同地区都曾遭遇过困境。对于阶段不同、形式各异的困境危机如何分析，政治学家福山构建了一个分析框架，认为政治发展过程中的治理危机实际上是国家建构问题。国家建构分析至少包括三大维度，即政府职能、治理能力以及合法性基础。③ 通过这三个维度，本文尝试分析国家治理变迁的困境问题，以期对中国治理体系和治理能力现代化的思考有所裨益。

一、发达国家治理变迁中现代性困境的遭遇

20世纪70年代，人们对发达国家危机问题给予了前所未有的关注。蜚声于

---

* 时和兴：国家行政学院公共管理教研部副主任，研究员。

① 哈贝马斯：《合法化危机》，刘北成译，上海人民出版社2000年版，第6页。

② 皮埃尔·卡蓝默：《破碎的民主：试论治理的革命》，高凌瀚译，三联书店2005年版，第1页。

③ 弗朗西斯·福山：《国家建构：21世纪的国家治理与世界秩序》，黄胜强等译，中国社会科学出版社2007年版，第1—3页。

世的罗马俱乐部曾关注人类控制自然的发展困境，预言了"增长的极限"。紧接着，发达国家的学者便开始了关于国家治理体系和治理能力危机的研究。1973年，哈贝马斯出版《合法化危机》一书，富有洞察力地归纳出发达国家治理体系危机。正因为如此，该书1976年即被翻译成英文出版，引起广泛瞩目。对发达国家治理能力危机问题早期的系统研究，要属三边委员会关于民主危机的报告。1975年，由克罗齐、亨廷顿和绵贯让治冠名的报告《民主的危机》，提出了发达国家治理能力危机的问题。

三边委员会关于国家治理危机的研究也涉及经济增长对能源枯竭和环境污染的影响，但他们超越了罗马俱乐部的研究，开始考虑民主和经济增长之间的关系。他们从更加广泛的意义上研究治理能力问题，认为治理能力"是政府对于它所统治的经济、社会和政治共同体提供指导的能力，也是有效地这样实施的能力。"① 据此，三边委员会的报告认为，20世纪70年代发达国家治理危机的主要表现为：权力结构不合理导致公共信任的下降，国家经济社会职能的扩大导致政府超负荷运转，社会利益分散化和政党功能变化导致决策体制的困境，政府迎合日益增长的选民压力导致民族主义狭隘化。达伦多夫在评价三边委员会的报告时指出，治理危机源自三大因素对既有治理体系的解构，即"参与的要求日益强烈，有效政治领域从国家规模转向国际规模，决定人们生活机会的权力从政治机构转向其他机构"。② 这些因素使得既存的社会结构出现不可治理性，社会共识难以达成，政治决策困难重重，传统机构低效无能，公众期许无法保证，国家治理陷入困境。

发达国家的治理危机表明，政府职能、治理能力与合法性问题不仅是国家建构的初始问题，也是国家发展每一个阶段都必须面对的问题。20世纪六七十年代，发达国家政府因缺乏对经济社会变化的适应性能力而进退维谷，既不能满足急速增长的公众需求，也无力消化社会价值和社会结构的变迁。是故，哈贝马斯把当时发达国家的困境概括为众所周知的四大类型：经济危机、（行政）合理性危机、合法性危机和动力危机。比较而言，发达国家在社会价值层面的合法性危机更为突出。到1980年，达伦多夫在谈到治理能力问题时，对此仍然难以释怀，认为克服危机离不开治理的有效性，更需要治理的合法性。在20世纪

---

① 克罗齐、亨廷顿、绵贯让治：《民主的危机》，马殿军等译，求实出版社1989年版，第161页。

② "拉尔夫·达伦多夫关于统治能力研究的评论摘要"，克罗齐、亨廷顿、绵贯让治：《民主的危机》，马殿军等译，求实出版社1989年版，第164页；Ralf Dahrendorf, "Effectiveness and Legitimacy: On the 'Governability' of Democracies", *The Political Quarterly*, Vol. 51, No. 4, 1980, p399.

80 年代，罗伯特·贝拉透视美国人心灵的习性，看到个人主义的困境，希望重建公民美德以走出危机。罗伯特·达尔也沉思多元主义民主的困境，虽然他反对把托克维尔主义的公民美德作为解决方案，但还是首先承认发达国家公民意识出现了严重分歧。与此同时，丹尼尔·贝尔揭示了资本主义的文化矛盾，约翰·基恩提出“晚期资本主义”公共生活的难题。可以说，发达国家治理合法性危机的言论在 80 年代不绝于耳。可见，合法性危机作为国家治理危机的集中表现形式，其中贯穿着价值认同的困境。迄今，这种困境还在困扰着发达国家的人们。

哈贝马斯说过，“合法性危机是一种直接的认同危机”。[①] 而对于发达国家的治理变迁而言，毋宁说它是一场现代性认同的危机。无论英格尔哈特关于后现代政治文化的分析，还是吉登斯关于第三条道路的探索，或者帕特南关于“单打保龄”社会资本状况的研究，抑或桑德尔关于市场社会的省思，无疑都在试图消解这一难题。面对发达国家治理的一系列危机，英格尔哈特经过实证分析，提出了公民价值观的代际转变问题，即从“物质主义”向“后物质主义”的转型，这种转型又影响到政治行为方式的变革。对于这种悄然发生的价值转型，英格尔哈特称之为“寂静的革命”。他在后来的研究中揭示道，与价值观转型形成互动的是社会转型。这场寂静的革命，实际上是从现代化向后现代化的转型。发达工业社会已经到了转折点，经济发展导致并行的两种轨迹：现代化轨迹和后现代化轨迹，而“后现代化代表了发展的后期阶段”。在后现代化进程中，“信念体系并不仅仅是经济社会转变的后果，它们影响经济社会状况，同时受到后者的影响，相互间的影响是一种互动的方式”。[②]

从社会转型角度来看，治理困境的根本问题在于治理体系和治理能力跟不上迅速变化的社会环境。所以，20 世纪 90 年代当治理术语甫一登场，西方学者便开始关注与此相关的发展困境，提出了治理危机问题，并认为治理转型是解决全球性难题至关重要的方案。进入 21 世纪，转型的动力越发强烈。西方学者总结了导致治理危机的若干因素，包括科学技术革命的迅猛发展，全球化进程的日益加深，民主制度本身缺乏改革，公共文化的加速复杂化，以及改革战略的匮乏。当今世界正在发生巨大变化，社会形态正在转型，社会结构也在发生深刻变革，

① 哈贝马斯：《合法化危机》，刘北成、曹卫东译，上海人民出版社 2000 年版，第 65 页。

② 罗纳德·英格尔哈特：《现代化与后现代化：43 个国家的文化、经济与政治变迁》，严挺译，社会科学文献出版社 2013 年版，第 2—3 页。

公共生活和社会秩序也都在随之改变，而国家治理体系和能力的发展相对滞后，不能适应时代的需要。“因此，无论是规模，还是目标、方法，都陷入危机”。①

如果再进一步，从治理结构角度来看，发达国家的治理困境很大程度上源于第二部门强权。资本绑架权力，这是自马克思等近代思想家以来长期讨论的问题，属于工业化社会典型的治理问题，20世纪以来又逐步演化为利益集团主导模式，尽管奥尔森等人并不愿意看到其在国家治理中产生的不良后果，但利益集团对政党政治及政府传统权力结构的冲击有增无减。人类进入21世纪以来，市场和市场价值观渐渐地以前所未有的方式主宰了人们的生活，虽然市场在增进富裕和繁荣方面取得无与伦比的巨大成功，但全部社会生活的市场化后果是不堪设想的，它可能导致难以消弭的政治极化现象。然而，“当代政治学严重缺失的就是关于市场角色和范围的辩论”，② 这给克服治理危机的探索带来更大的难题。与第二部门强权产生张力的是消费主义文化的涌现。市场力量带来的全球化也促使了逆市场以及反全球化力量的兴起，消费主义和后物质主义也在改变人们的政治认同，不同于市场个人主义的新个人主义开始抬头，各种新的社会运动五花八门，国家治理不得不寻求创造团结的新手段。面对现代性和后现代性之间的张力，用吉登斯的说法，“国家的严格管理和诉诸传统是不能保障社会凝聚力的”。③克服这种张力，正是发达国家走出治理困境所要解决的难题。

二、发展型国家治理变迁中包容性困境的遭遇

在政治发展理论中，发展中国家是指从农业社会向工业社会过渡的集合体。其中，既有成功的范例，也不乏失败的群体。在纷繁复杂的发展中国家行列之中，成功的发展中国家又被学者们冠以“发展型国家”或“开发型国家”，以东亚和拉丁美洲国家为样本。“发展型国家”的概念源于查默斯·约翰逊对东亚国家发展的考察与总结。约翰逊对通产省与日本奇迹的分析框架，很快被模仿用于东亚其他地区，乃至拉美一些国家的发展分析。

对于发展中国家的政治发展危机，卢恂·派伊及其同事们早在60年代就曾经专门进行概括，提出认同危机、合法性危机、贯彻危机、参与危机、整合危机

---

① 参阅 King, Alexander and Bertrand Schneider, *the First Global Revolution*: *A Report By The Council Of The Club Of Rome*, London: Simon & Schuster Ltd., 1991, pp. 137—138；皮埃尔·卡蓝默著：《破碎的民主：试论治理的革命》，高凌瀚译，三联书店2005年版，第2—3页。

② 迈克尔·桑德尔：《金钱不能买什么》，邓正来译，中信出版社2012年版，第XVIII页。

③ 安东尼·吉登斯：《第三条道路》，郑戈译，北京大学出版社、三联书店2000年版，第39页。

和分配危机六个大的方面。他们明确提出，“一个社会要想成为现代化的民族国家，就必须成功地解决所有这些危机”。[①] 用今天的眼光看，政治发展过程中的这些危机，实乃国家建构的困境，而且是不少学者仍在关注的问题。譬如，福山就明确指出，“软弱无能的国家或失败国家已成为当今世界许多严重问题的根源”。[②] 除去失败国家的研究，当今世界对于发展中国家治理危机讨论最多的要属“中等收入陷阱”。

中等收入陷阱问题不同于一般的国家失败问题，它实际上是发展型或开发型国家的治理困境。众所周知，所谓中等收入陷阱，源于世界银行 2006 年关于东亚发展的报告。在 2007 年的报告《东亚复兴》里，世界银行特意提出关于中等收入国家经济增长相对缓慢的警示。同年，世界银行在总结东亚金融危机之后十年的发展时提醒人们，中等收入国家之所以很难跨越这个阶段，是“因为要实现这一跨越所必需的那些政策和制度变化，在技术、政治和社会方面更复杂、更加具有挑战性”。[③] 遗憾的是，当下国人对于中等收入陷阱的分析，仍旧聚焦在 GDP 指标的考量，更多是集中于经济增长困境及其所带来的社会难题，很少有人从政治发展意义上进行深入分析。如果用政治发展理论来看待这些复杂性问题，透过福山的国家建构三重维度再思考拉美治理危机，我们会得到不少启发。

中等收入陷阱所包含的政府职能困境，很大程度上和这些国家的发展模式相关。谈及中等收入陷阱，人们言必称拉美。拉美国家从 20 世纪 50 年代起实现经济起飞，一直持续到 70 年代。然而，80 年代却成为拉美“失去的十年”，不仅经济增长减速，而且社会矛盾此起彼伏。1982 年拉美债务危机以后，其人均 GDP 出现负增长。90 年代虽然拉美国家普遍调整经济发展战略，但依然收效不大。21 世纪初，在世界经济普遍不景气情况下，拉美国家的发展也难以令人乐观。所有这些判断，都是在悲观意义上说明发展型国家的困局。应该看到，拉美的现代化进程还是有其骄人成绩的，从 19 世纪末的初级产品出口，到 20 世纪中期的进口替代工业化，直到 60 年代拉美的经济腾飞期，拉美曾经是现代化成功的范例。导致落入陷阱的根本原因，还在于进口替代工业化模式长期不变，致使

---

① 鲁恂·派伊：《政治发展面面观》，任晓、王元译，天津人民出版社 2009 年版，第 80—85 页。

② 弗朗西斯·福山：《国家建构：21 世纪的国家治理与世界秩序》，黄胜强等译，中国社会科学出版社 2007 年版，第 1—3 页。

③ The World Bank, “10 Years After the Crisis”, *World Bank East Asia and Pacific Updated*, Washington DC: The World BankEast Asia and Pacific Region, April 2007, p. 3.

片面追求经济增长战略变得难以为继。不少人在分析拉美陷阱时对新自由主义政策痛加针砭，包括拉美知名理论家多斯桑托斯亦复如此。这种看法固然有其道理，不过客观而言，皮诺切克1973年引入新自由主义的虽然带来一些问题，但市场化的改革取向却让智利脱离中等收入陷阱而成为“拉美的例外”[①]。90年代许多拉美国家的新自由主义改革也让制造业部门的劳动生产率有所上升，宏观经济严重失衡的局面得以缓解。所以，简单地把拉美国家中等收入陷阱概括为新自由主义的陷阱是有失偏颇的。毋宁说，其本质是政府与市场的关系问题。皮诺切克当初的市场原教旨主义固然不妥，但其后的变化并没有改变市场化导向。80年代当政者及时调整政府和市场关系而得以渡过重重难关，这应该是智利成功的经验。至于落入陷阱的其他拉美国家，不管采用新自由主义政策，还是左翼发展政策，都存在一个政府职能定位问题。

中等收入陷阱所包含的治理能力困境，一定意义上和这些国家的权力模式相关。分析国家治理的权力结构可见，威权主义是发展型国家在经济高速增长时期的重要支柱。东亚国家表现为“由政治的、官僚的和财阀势力组成的无缝网络”，拉美国家是“强大的官僚体系与执政党或军队相结合”，军方、官僚和大企业构成治理集团，并以此来推动经济增长。[②] 威权主义的治理结构克服了民粹主义的无序状态，国家权力大为增强，为经济增长奠定了秩序基础。但是，这些国家为经济增长牺牲了公民自由和社会发展，也扭曲了政府和市场之间本应该有的良性关系。更大的问题在于这种治理结构缺乏弹性，体制变革严重滞后。“精英集团的‘现代传统主义’片面追求经济增长和财富积累，反对在社会结构、价值观念和权力分配等领域进行变革，或者把这种变革减少到最低程度”。[③] 这种治理结构集中表现为第一部门强权，权力控制资本，企业对内依附权力，对外依附国际资本。权力和资本的联姻导致权力过度寻租，财富过分集中，市场配置功能紊乱，腐败现象丛生蔓延且难以根治，给国家治理能力的发挥造成极大的掣肘。这种治理结构难以通畅民众利益诉求表达，严重影响到政府在社会当中的公信力。

中等收入陷阱所包含的合法性困境，相当普遍地和这些国家的公平缺失相

---

① 刘世锦等：《陷阱还是高墙》，中信出版社2011年版，第260—263页。

② 禹贞恩编：《发展型国家》，曹海军译，吉林出版集团有限公司2008年版，第1页；时和兴：《关系、限度、制度》，北京大学出版社1996年版，第60—61、129页。

③ 林岗等：《中国经济改革发展报告（2010）：迈过“中等收入陷阱”的中国战略》，经济科学出版社2011年版，第7页。

关。以拉美国家为例，落入中等收入陷阱的国家不光是经济增长徘徊不前，社会发展尤其堪忧。其中，收入分配的不平等问题最为突出。受“先增长，后分配”发展观的影响，拉美国家的社会不公正现象即便在经济增长期也未有根本改观，纵使各国在20世纪90年代普遍重视“生产发展、公平分配和环境保护三位一体的发展方案”，其社会排斥现象也没有根本改变。贫困水平有增无减，贫富分化不断加剧，社会边缘化又遭遇“数字排斥现象”，社会支出的减少造成公共服务质量恶化，社会暴力犯罪趋于上升。诸如此类的社会问题，必然造成社会不稳定。拉美国家在20世纪出现过四次社会冲突高潮，80年代的第三次和90年代中期以后的第四次高潮都是在落入中等收入陷阱后发生的。正如国内拉美研究学者所指出的，“拉美国家的社会矛盾起因复杂，但其根源是经济社会发展的缺陷，以及可治理性缺失”。[①] 发展缺陷与可治理性缺失不仅是一个国家能力问题，更是一个合法性问题。社会矛盾的居高不下，对于国家治理的合法性危机无疑是火上浇油。因此，良好的冲突治理机制对走出合法性困境也至关重要。“国家扮演冲突管理者的角色应该看作是给社会成员提供‘保险’，通过给他们提供治理结构来确保即使在最不利的情况下也能使所有人在收入上相对‘公平’。”否则，在没有这些“保险”和“公平”的情况下，当国家不能治理社会冲突的时候，“该社会中的人们将不愿意承担风险或者将他们的资源进行无风险投资，此时经济活力将受到损害”。[②] 需要指出的是，平等化的危机不是拉美国家所独有，“即使东亚发展中国家保持快速增长，不平等现象增加仍是一个值得关注的问题，且可能对未来的社会稳定构成挑战”。[③]

一言以蔽之，落入中等收入陷阱国家面临的严重问题在于包容性缺失，政府职能难以匹配市场，国家权力无法协同社会，精英集团不愿容纳大众。这种情况必然造成认同危机。鲁恂·派伊揭示了现代化进程中认同危机的原初意义。他认为，“人们一旦感到处于两个世界之间，感到在社会上处于无根的状态，他们就不可能具有建立一个稳定、现代的民族国家所必需的那种坚定的认同了”。[④] 恐怕落入中等收入陷阱的国家更需要克服民众在社会中的无根状态。

---

① 袁振东：《拉美国家的可治理性问题研究》，当代世界出版社2010年版，第45页。

② 禹贞恩编：《发展型国家》，曹海军译，吉林出版集团有限公司2008年版，第227页。

③ The World Bank, “Securing the Present, Shaping the Future”, *World Bank East Asia and Pacific Economic Updated* 2011, Vol. 1, Washington DC: The International Bank for Reconstruction and Development / The World Bank, 2011, p. 2.

④ 鲁恂·派伊：《政治发展面面观》，任晓、王元译，天津人民出版社2009年版，第1页。

三、转型国家治理变迁中制度性困境的遭遇

制度性困境是国家治理变迁中最大的难题。在世界现代化进程中，各国政治发展都曾面临过程度不同的制度性困境，但最具典型代表意义的应该是中东欧国家的治理转型，人们习惯上称之为“转轨”。“转轨是一个发生根本变化的过程：从国家控制产权的社会主义集中计划经济转向自由市场经济”，它意味着体制的根本变革和引入全新的制度安排。① 眼下学界对于转轨的经济分析已经取得不少进展，但转轨的非经济方面尚未引起人们足够的重视。从计划经济体制转向市场经济体制，这属于史无前例的变革。就非经济意义而言，转轨是“持续一整代人的现实、制度、文化和政治层面的渐进改革历程”，“它伴随着复杂的结构与制度调整以及社会与政治的变化”。②用政治发展眼光看，转轨是一个国家重建的过程，其中也涉及政府职能定位，治理能力变迁和国家合法性的重构过程。对转轨期国家重建进行非经济分析，人们发现转轨过程遭遇了政治约束困境、寻租泛滥困境、秩序冲突困境等。说到底，是一个制度短缺困境。

转型国家的转轨过程首先遇到的困境，就是政府职能重新定位的政治约束难题。研究表明，转轨的政治约束包括事前和事后两种情况。前者是因得不到足够的政治支持导致某些政策措施无法采用，后者是潜在政治力量变化或因政策负效应而引起的政策逆转。中东欧研究者发现，“转轨中的政治约束因各国经济而各有不同”，但程度不同的都有所表现。③ 譬如在90年代初的波兰，由于管理层和工人联合势力代表极力反对把资产重新分配给公众，当时的产权制度改革严重受阻。有些国家即便产权改革获得成功，冗余人员问题也成为政治约束的重要因素。政治约束导致政策反复，给国家治理带来很大难题。从较长时段的转轨发展来看，一些国家在走向市场与民主的进程中，“新制度常常会被传统结构所僭居，致使腐败和犯罪现象丛生，最终蜕化为一个更为威权主义的政府”。④ 这种情况，可以看作是转轨中路径依赖的政治约束。

转轨过程中的寻租是一种不同寻常的现象，是政府职能重新定位的成本，也

① 格泽戈尔兹·科勒德克：《从休克到治疗》，刘晓勇等译，上海远东出版社2000年版，第2页。

② 格泽戈尔兹·科勒德克：《从休克到治疗》，刘晓勇等译，上海远东出版社2000年版，第4、429页。

③ 杰拉德·罗兰德：《东欧所有制转型中的政治经济学问题》，刘晓勇译，见青木昌彦、钱颖一：《转轨经济中的公司治理结构》，中国经济出版社1995年版，第49—54页。

④ 奥勒·诺格德：《经济制度与民主改革》，孙友晋等译，上海人民出版社2007年版，第213页。

是国家治理有效性的障碍。与典型意义上政府管制和公共部门活动带来的寻租不同，转轨期的寻租是在政府退却和私有化进程中发生的，但在本质上都和资源配置相关。转轨过程的最大变化就在于资源配置机制发生根本改变，在原有计划体制和新生市场体制之间，有一个资源配置机制转换过程。在此过程中，寻租行为的弹性空间不可小觑，这是改革必须付出的代价，是转轨路上的陷阱。其结果是，"在改革初期作为一笔财富的行政能力，到改革后期则变成一种不利条件"。[①] 究其原因，既得利益集团在资源配置中会凭借公共权力排挤新兴集团的利益诉求，各种利益集团在产权改革过程中动用权力资源影响不同的政策选择，以期尽可能多的获得租金。他们也可能"进行游说试图得到更多的补助，而不是致力于企业重组，从而导致软预算的长期存在"。寻租的广泛存在成为腐败丛生的渊薮，腐败频仍又削弱了国家亟待提升的治理能力。"由于腐败和有组织的犯罪，制度无法以正当的方式合法化，这意味着问题无法得到有效的解决，而这又导致了制度能力和威信的进一步削弱"。[②] 更值得关注的是，转轨期不可避免地会伴随双轨制。"'双轨制'的制度安排所造成的经济和社会后果是双重的"。在转轨过程中，要么政府与财富精英出现非生产性的寻租勾结，"要么政府最终选择借助工业化和市场化的硕果来补偿农业部门和其他弱势部门"。一种选择是法治市场经济的进路，一种选择是权贵资本主义的进路。[③] 何去何从？这是转轨研究学者发给世人的警示。

转型国家的转轨过程面临的另一个进退维谷的难题是社会秩序的冲突困境。秩序困境是转轨期治理能力提升的重大障碍，也是对转型国家合法性的严峻考验。对于转型国家而言，与"权贵资本主义"相提并论的是"强盗资本主义"。因为欠缺规划的随机转轨和不够精确的转轨政策，转轨国家原有的"控制之手"变成了"掠夺之手"，导致"欺诈与腐败屡见不鲜，变革则总被官僚制度所遏制"。[④] 长满"掠夺之手"的"强盗资本主义"带来国家治理变迁的逆境，既损

---

① 奥勒·诺格德：《经济制度与民主改革》，孙友晋等译，上海人民出版社 2007 年版，第 28 页。

② 参阅杰拉德·罗兰德：《东欧所有制转型中的政治经济学问题》，刘晓勇译，见青木昌彦、钱颖一：《转轨经济中的公司治理结构》，中国经济出版社 1995 年版，第 58—62 页；胡安·林茨等著：《民主转型与巩固的问题》，孙龙等译，浙江人民出版社 2008 年版，第 458 页；苑洁主编：《后社会主义》，中央编译出版社 2007 年版，第 119 页。

③ 中信《比较》编辑室：《发展与转型中的制度》，中信出版社 2012 年版，第 18—19、235 页。

④ Joseph Stiglitz, "An Agenda for Development for the Twenty-First Century" . InBoris Pleskovic at. Al. , *Annual Bank Conference on Development Economics*, Washington DC: The World Bank 1997, p. 20; 格泽戈尔兹·科勒德克：《从休克到治疗》，刘晓勇等译，上海远东出版社 2000 年版，第 169 页。

害国家能力，又破坏国家合法性。在转轨过程中，“红色资本家”非法侵吞公共资产获取的新财富常常受到谴责，导致不满新制度的群体的出现，那些被经济改革逼到体面生存线以下的人们必然要进行自我防御。非但权贵精英不择手段获利，“不同的社会阶层和利益集团都会设法为他们自己在新的经济配置中谋得尽可能有利的地位”。有时，政策目标本身也会相互冲突，“政策会因为迎合不同利益集团的偏好而处于危险之中”。① “华盛顿共识”在中东欧国家各社会群体之间并没有达成共识，转轨政策的合法性受到来自不同方面的挑战。在复杂的情势下，政府公信力受损，社会不同部门、不同群体之间的信任关系也遭到破坏，社会冲突便应运而生。正是出于此类担忧，普沃斯基早在1991年就预见性地提出了一个著名论断：“东方已经变成了南方。”虽然东欧国家未必真的变成像南美国家当时那样，尽管后来格雷什科维奇乐观地认为“民主体制似乎是能够经受住危机考验的”，但是，普沃斯基还是不幸而言中。② 中东欧的发展并没有格雷什科维奇想象的那么乐观，他没有预知到颜色革命的来临及其以后转轨进程的反复。中东欧冲突的情况表明，利益集团和社会组织的突出作用导致了治理结构失调和失衡，故不能不说秩序冲突困境和第三部门强权有关。社会组织在秩序困境发生中的作用在中东欧是绝无仅有的，这也是这些国家治理变迁必须破解的难题。

腐败与暴力联袂而至，让混乱的秩序雪上加霜。当年叶利钦的经济顾问谢尔盖·瓦西列耶发现了转轨中的二律背反，“你可以通过减少国家干预来减少腐败，但你无法通过减少国家干预来减少暴力”。③ 如何求解瓦西里耶悖论呢？福山对俄罗斯国家转型难题的解释不无启发价值：“尽管私有化要求缩减国家的职能范围，但它却需要完善的市场机制和高水平的国家能力来实现。”按照福山的观点，“有必要将国家活动范围和国家权力强度区别开来”。④ 国家活动范围和政府职能定位相关，国家权力强度和政府治理能力相关，二者之间的有机结合就表明国家治理的有效性。理想的有效治理还离不开良好的治理结构与治理体制，离不开政府、

---

① 格泽戈尔兹·科勒德克：《从休克到治疗》，刘晓勇等译，上海远东出版社2000年版，第4—6页；另参阅奥勒·诺格德：《经济制度与民主改革》，孙友晋等译，上海人民出版社2007年版，第16页。

② 参阅普沃斯基：《民主与市场：东欧与拉丁美洲的政治经济改革》，包雅钧等译，北京大学出版社2005年版，第156页；贝拉·格雷什科维奇著：《抗议与忍耐的政治经济分析》，张大军译，广西师范大学出版社2009年版，第17页。

③ 丹尼尔·耶金等：《制高点》，段宏等译，外文出版社2000年版，第416页。

④ 弗朗西斯·福山：《国家建构：21世纪的国家治理与世界秩序》，黄胜强等译，中国社会科学出版社2007年版，第7、18—19页。

市场和社会组织三个部门之间的有序协同机制。转型国家的转轨历史表明，公共治理三个部门之间实现协同的现实障碍在于制度阙如。应当说，有效治理是国家合法性的前提，而制度化是国家合法性的基础。制度短缺困境的本质是规范化危机。克服政治约束困境、寻租泛滥困境和秩序冲突困境，归根结底是要在政府、市场和社会之间建立起新的制度规范体系，这对转型国家来说才是真正的挑战之所在。

四、结语

用政治发展的眼光分析国家治理演进，历史进程中的危机与困境需要引起足够重视。面对后现代社会的兴起，发达国家的治理变迁遭遇了现代性危机；面对中等收入陷阱，发展型国家的治理变迁遭遇了包容性危机；面对经济与社会的转轨，转型国家的治理变迁遭遇了制度化危机。反观诸己，中国要实现国家治理体系和治理能力现代化，必须引以为鉴。不宁唯是，21 世纪的中国面临更加多元的复杂性社会，无论经济层面还是非经济层面都正在经历亘古未见的历史变革，以工业化为主导的现代化进程方兴未艾，以信息化为先导的后现代社会也开始涌现，市场经济体系的确立还刚刚起步，三大变革交叠进行，其难度可想而知。唯其如此，全面深化改革也就成为历史必然。包括市场经济、民主政治、先进文化、和谐社会与生态文明在内的全方位国家发展战略，呼唤现代国家治理。中国特色的现代国家治理不可能是任何层面的单向度治理，不得不面对国家建构的复杂性。所以，政府职能的定位、治理能力的提升与合法性的构建，都应当站在新的历史高度。

中国道路与治理现代化

路 杰*

仔细推敲三中全会关于全面深化改革总目标的两句话“完善和发展中国特色社会主义制度，推进国家治理体系和治理能力现代化”，可以看出，第一句话已经蕴含了中国特色社会主义制度本身已经是现代化的，所以是“完善和发展”的问题。另一方面，已经是现代化的制度又需要进一步“推进”。推进到什么地方呢？推进到国家治理体系和治理能力的现代化。现代化涵盖了两句话，两句话是两个层次，第二句话是第一句话的进一步推进、延伸。

一、中国道路

治理现代化，前提是现代化，全称是“中国特色社会主义现代化道路”，简称“中国道路”。那么，中国特色的、社会主义的现代化，是什么道路、是怎么样实现的？是通过革命实现现代化！革命是革什么的命？革心意识、小我的命。从心理上看，这包括三个环节：（1）打破心意识。心意识并不像我们想象的那么大，但是，它像个盖子、像个帽子，把它下面更深更多更大的力量封住了、盖住了，出不来、不得实现。（2）打掉了、打破了这个盖子，下面更深更多更大、超越性的创造力量，就得以释放出来。为什么是超越性的创造力量？因为，它是集体的群众性的、是超越个人、超越世俗的。现代社会为什么取得了前现代社会不可想象的那些持久？不是因为意识，而是因为释放出了意识层之下的超越性力量，推动现代化的最终就是这个力量。近现代以来，太平天国、义和团、农民起义，甚至于“文革”，都释放出了这样的力量。由此可以看出，释放的活力，并不都是创造性，相反，要把握得好才是创造性力量。也不像想象的那样，都是那么美好的光明能量，相反，它多少显得有点晦暗、“不适应”，就像一个黑人或者只是乡下人到了现代化大都市所有的那种不适应。（3）第三个环节，这样释放出

* 路杰：国家行政学院政治学教研部教授。

来的力量很古老，为什么称其为现代化呢？因为，在释放出了这个超越性力量之后，被打破的心意识并没有丢失，而是被保留下来转变为这个超越力量的一小部分，成为了我们所说的现代意识、主体意识。

中国特色社会主义现代化道路，就是通过革命实现现代化的社会主义道路。到目前为止，它已经经历了三个大的阶段：一是通过发现农民、释放基层下层底层人民群众创造历史的热情，实现了思想革命、思想现代化，这就是我们所说的群众路线。这是第一次革命。二是通过新民主主义革命和社会主义革命实现了政治现代化，这是第二次大的革命、政治现代化。三是改革开放让一部分人先富起来、开辟社会主义市场经济，是第三次大的革命、经济现代化。

二、治理现代化

现代化，并不只是现代科学技术、富裕安康的物质生活，相反，这些东西只是现代意识、主体意识、特别是主体意识中创造性力量推动发展的物质结果。通过革命实现现代化、中国特色社会主义现代化，是我国本土、独立自主、原创性的现代化。特别是，基于群众路线，我们独立自主、原创性地开辟了社会主义市场经济道路，具有完全的世界历史意义。一方面，这个独立自主原创性现代化的价值和意义，需要进一步总结提炼。另一方面，则是它在各领域向纵深的拓展、延伸和运用。治理现代化，就是把上述中国特色社会主义现代化，推进到政府治理体系的现代化和治理能力的现代化。

一是下层基层底层的心理能量十分巨大，一旦把它释放出来，还要能为释放出的巨大心理能量找到出路和解决问题的大方向，这就是“社会主义市场经济”。大方向明确了之后，不是万事大吉，而是正好下手做功夫，这就是治理现代化。治理现代化，是与伟大复兴联系在一起的。伟大复兴的复，渊源于周易的复卦，就是一阳来复。但是，一阳来复的阳不是一般性的阳。定量地说，是我们民族心理中最深层、最底层、最基层、最下层的心理能量。定性地说，是我们民族心理中本有、本是，最具有震撼力的光明能量。伟大复兴就是，在近代中国积贫积弱、衰落到低谷不能再衰落、再衰落下去就是亡国亡种情况下，全民族心理中本有本是的光明能量，通过革命，回复了它的本位。复就是大震、震旦。就像土石方施工，先要有大爆破，土石被震得松动了，之后才好下手那样。

二是在治理中共同走向现代化。政府是治理现代化的主体。理论上说，政府应该很“阳光”、很光明。但是，事实上有些政府、有些治理为什么不那么阳光呢？根本原因是因为，政府把从它自己深层次内心中涌起的心理能量中不那么光明的东西投射到了治理对象身上，就像群众把它自己身上不那么光明的东西投射到了政府身上一样。投射就是当事人没有很好地意识到，从自己深层次内心中涌现出来、自己对它最多只是半意识半无意识的内容，是在自己身上。由于没有能够很好地意识到这一点，所以就对对象产生了投射。治理，就是当事双方都要意识到，那个晦暗是在自己身上，意识到它、吸纳它、把它转变为光明能量，一方面，政府变得很阳光，另一方面公民变得很光明，这就是现代化。

三是治理现代化，要把释放出的群众心理能量教育好、引导好。释放出的群众心理能量并不都是那么美好的光明能量。横向上看，主要有三种情况，一是在俗而流俗。现代化本意要把深层次心理能量释放出来、转化升华为在俗而不流俗。如果只是意识的力量、没有能够释放超越性力量，或者释放出了超越性力量但未能转化升华它，那就只能是在世俗而流俗了。一是释放出的巨大心理能量根本就找不到适宜的出路、特别是不能和在俗而不流俗的市场经济相结合，结果重新走回头路，成为了极端原教旨主义，甚至于恐怖主义。一是流于神秘主义：释放出的心理能量含有大量无意识集体无意识、原始的、非理性内容，现代人不是驾驭它，而是被它吞噬了，这就是现代社会的神秘主义、邪教等。

四是凝聚正能量，就要转化升华负能量。释放心理能量，纵向上看，有两个层次，一是被压抑的、“压抑层的心理能量”；一是压抑层之下、完全没有被压抑、全新的心理能量。即使是后者，一旦进入社会心理评价系统，很快就分化为所谓的正能量负能量。对正能量负能量，切忌用道德的眼光去看它，而是要超越道德，善于从政治上、文化上去看它。首先，能量没有什么好坏、是非。其次，正、负是相对而言的。关键的是，要善于找到正能量负能量心理上的结合点共同点，并且要从中超越出来、高于它，在这样的共同点结合点上去转化它。转，就是正能量负能量，围绕同一个中轴同时转起来，就像来自南方的热气流和来自北方的冷气流两股气流围绕同一个旋涡中心转起来、同时上升，形成降雨。化，就是原来的正能量负能量同时转化掉，成为一个集体一个社会所有成员共享、滋润心田的精神气质，春风化雨。

五是治理现代化要做好耐心细致深入的经常工作。一方面是不竭源泉。人民群众这个力量之源为什么是不竭的呢？因为，它是人民群众深层次的心理源泉，你越是深入挖掘它，它就越是深不见底。就人类历史而言，它可以说已经是最深刻的源泉。特别是，你越是意识到它、越是注重从它汲取力量，其力量就越强大。另一方面，明确了“社会主义市场经济”这个大方向之后，下手做功夫，是要做耐心的功夫、做细致的功夫、做深入的功夫、做经常的功夫。相对于此，之前的革命、改革，也都只是刚开了个头，仍然显粗、仍然只是大局粗定，后面要做可做的工作，都是细活，也都是真正受益、出彩的工作。

论制度执行力与治理能力现代化

李 拓*

完善中国特色社会主义制度，推进国家治理体系和治理能力的现代化是十八届三中全会决定指出的深化改革的总目标。这是个新的战略命题，治理体系和治理能力第一次出现在中国共产党的正式文献中，这在学术理论界引起了广泛热议，有学者以西方的治理理论和治理体系的概念框架作为借鉴和参考，这是没有问题的，但是有人以此为标准来衡量中国的国家治理现代化就没有实际意义了。

本文认为，只有以两个“一百年”为时间轴，在深化中国改革总目标和完善中国特色社会主义制度的语境下考察国家治理体系和治理能力的现代化才有意义。第一个一百年是打下完备成熟的制度基础，第二个一百年要全面实现治理体系和治理能力现代化。这是一个重大发展战略，目前要注重完善中国特色的社会主义制度，以此为前提，着重解决制度的执行力不强的问题，同时要加强干部素质和能力的提升。

一、制度体系的完善与科学是治理能力现代化的前提

治理国家靠制度，邓小平同志关于制度对于治理国家的重要性有过多次多方面的论述，“领导制度、组织制度问题更带有根本性、全局性、稳定性和长期性”。[①] 这里的制度是一个涵盖根本的政治制度，具体的政治体制和经济体制，包括宪法和法律等一系列法律法规和规章在内的制度体系。是“在经济、政治、文化、社会等各个领域形成一整套相互衔接、相互联系的制度体系”。没有制度体系的成熟和完善，治理能力现代化就没有可靠的规则和依据。只有治理国家的制度体系完善才能说治理能力的现代化，这是个前提。

中国特色社会主义制度是一整套相互衔接、相互联系的制度体系，由根本层

* 李拓：国家行政学院政治学教研部教授。

① 《邓小平文选》第二卷，人民出版社 1994 年版，第 333 页。

面的制度、基本层面的制度、具体层面的制度以及中国特色社会主义法律体系组成，不同层面的制度在中国特色社会主义制度体系中具有不同的地位和作用。

体系完整的制度，其功能才能正常地发挥，若制度体系不配套或不完善，顶层制度的设计理念与运作方式所体现的宗旨和低层制度不吻合，或者制度顶层、中层和基层都处于相抵牾的状况，那么制度的功能就不能很好的发挥。也就是经济基础和上层建筑不配套，生产力和生产关系不适应，那么整个系统就一定处于功能失调、系统紊乱的状态，发展和进步就不可能。这种情况，制度就不可能正常地发挥作用。因此制度要相对比较完善才能起到治理能力的现代化。当然绝对的完善是不可能的，因为社会的发展和进步是无止境的，制度的完善也就是无止境的。目前我们的制度还存在许多不完善的地方。如社会主义市场经济制度、社会主义民主政治制度，等等，还有待于进一步完善。

第一，丰富制度体系的内容，使其更具完整性。制度体系的内容并不限于政治、经济领域。中国特色社会主义事业涵盖经济建设、政治建设、文化建设、社会建设、生态文明建设等五大领域，与此相对应，制度体系应包括经济制度、政治制度、文化制度、社会制度和生态文明制度。

第二，理顺内部要素的关系，使其更具逻辑性。中国特色社会主义法律体系是中国特色社会主义制度的组成部分，但它与经济制度、政治制度之间不是一种并列关系，而是一种交互关系。法律体系中内含了政治、经济制度，也内含了文化、社会制度，但它既不是制度的全部内容，其内容也不限于制度。

第三，完善制度体系的层次，使其更具系统性。制度体系的层次性，表明组成体系的诸要素的种种差异包括结合方式上的差异，从而使系统组织在地位与作用、结构与功能上表现出等级秩序性，形成具有质的差异的系统等级，层次概念就反映这种有质的不同系统等级或系统中的等级差异性。制度体系，从层次上讲，包括根本制度、基本制度、具体制度和实施机制。

二、制度执行力是治理能力现代化的关键

说到制度的执行力，其实说的就是人在执行时候的力量、速度、效果等的能力。所谓制度执行力，是人执行制度的能力。让制度执行起来，真实含义是制度“被”执行起来，因为执行制度规定，按制度办事的主体是制度下活动的人，而不是制度自己主动执行。这样，制度只有执行起来，制度领导力才能得到发挥，再好的制度如果人不去执行，制度就是死的，就形同虚设。好的制度没有执行

好，制度治理的意义也就是空中楼阁。

制度只有执行起来才能起到制度的规范和引导作用，只有提升制度执行力才能使我们的治理能力有所展示。

第一，治理能力现代化必须包含制度本身功能的现代化和治理者的能力和素质的现代化两个方面。治理能力现代化，不是单纯的治理者的能力问题，它涵盖两个方面的内容：一方面是包括治理体系的完善和功能的齐备；另一方面是指治理者本身意识、能力和素质等水平能否适应现代经济社会发展的要求。这是推进国家治理体系和治理能力的现代化本质内涵。就目前我们国家治理体系而言，现在的制度体系还不能说是完善和功能齐备的，依然存在着许多问题：制度体系的不完善和不成熟。

第二，我国政府治理能力基本适应现代化发展的要求，但是还存在许多问题。从改革开放 30 多年来的社会治理实践来看，我国的经济社会发展业已取得的巨大成就，说明我国的治理体系和治理能力基本及格，但是我们治理现代经济社会发展的能力仍然存在许多问题，特别是治理体系问题在制度层面问题更突出，如制度体系不完善、制度不灵活、制度不公正问题比较突出。制度规定着我们社会主义发展的方向，制度问题关系党和国家的前途命运，具有根本意义。只有完善制度，形成完善的制度体系，才能在国家治理实践中实现治理能力现代化。

第三，目前最重要的任务是把现有制度执行好。尽管我们的制度存在不完善问题，但是我们有比较系统的制度，也形成了一个从根本制度，具体制度和法律法规等，但是制度执行存在的问题比较多。有法不依、执法不严、违法不究的问题在现实社会治理实践中仍有不同程度的存在，而有的制度没有得到很好的执行。制度在执行中往往会扭曲变形，这是执行中的监督问题，没有好的监督，执行的过程就会进入人为的因素。因此，执行中的问题丝毫不比制度的设计和建设更轻松。制度不会自己执行，所谓制度的执行力是说的人执行制度的力度、速度、效果等。

“道虽迩，不行不至”。没有执行，就没有效果和所追求的治理能力。制度和制度执行力在一个“共同体”中发挥作用，二者相辅相成，不可偏废。我们在注重设计制度、建立制度，讲要求，作规定，下文件，颁布一些新的政策法规的同时，更要重视制度的执行。我们以往重战略、轻细节、轻执行，使得很多问题没有解决，并且在制度执行上存在理论研究不深入、求实对策不多、反馈评估机制不通畅等问题，即使去执行制度，但因执行力不强的原因，也使很多制度执行没有达到预期成效。

三、激活“沉睡”的制度，全方位监督制度的执行

让制度真正活起来是指制度真正履行自身的功能，执行制度严格按规定程序，无论什么人在制度面前必须平等，严格执行制度、维护制度。怎样让制度活起来，怎样才会让制度富有生命力？要在社会实践中和领导主体（领导者和人民）自身的行为中去寻找力量。

第一，让人民参与制度和政策的制定。人民是社会发展的主体，是创造历史的根本动力。制度或政策在形成过程中，如果没有人民的参与，只是少数人制定制度，无论制定制度的人多么的高尚，能力多么强，都不可避免会出现局限性。一是利益的局限性，参与者总会从自己的利益立场出发，考虑自身利益的最大化，而使多数没有参与制度制定的人的利益受损；二是知识能力的局限性，公共政策和制度的制定，需要有广泛的知识，而每个参与制定制度的人都受到自身知识和能力的限制，制定的制度缺陷就不可避免；三是受到信息的局限，政策的需求信息来自社会民众或团体（利益集团）。任何一项政策的实际需求总是来自社会的实际需要，代表公众实际利益和要求的政策总是从民间社会首先萌发。且任何公共政策总是涉及广大民众的，公共政策应是以保护他们的起码利益为目的。只有让人民参与进来，才能最大限度地避免上述局限性。

第二，把权力关进制度的笼子里，让权力在制度框架里活动。领导活动必须在制度框架内，受到制度的约束，是防止腐败蔓延的治本之策。领导的活动必须在制度框架里活动，受到制度的制约，接受法律、人民和舆论的监督，否则“领导活动”就会越界犯规。不受制度约束的权力必然产生异化，所谓权力异化就是公共权力不再是为人民谋取福利的工具，而成了为私利而谋的手段。大量的事例表明，不受制约和监督的领导活动和权力运行，无论动机多么高尚，口号多么响亮，多么想为人民谋利益，私欲都可能以公共利益和人民的名义膨胀，权力必然异化，都不可能不出轨，腐败就会滋生。

第三，全方位监督制度的执行。制度的执行是制度活起来的根本，没有执行的制度就是死制度。制度的效用取决于制度的执行，制度的价值在于贯彻执行，制度领导要活起来，也必须执行起来。制度活不起来的很多问题，就是在执行中存在：一是没有细化管理、流程管理，导致责任不清、制度失效。制度是有，但是，一旦工作中出了问题，由于上下游职责分工不明确，责任也就难以分清楚，追究起来就会把责任推给客观环境，从而导致制度起不到激励先进和鞭策落后的

现象司空见惯，进而使制度失效；二是为了小集团利益而敷衍制度。把个人利益看得比大局利益重，搞“上有政策，下有对策”，导致制度执行不力。三是以领导的好恶代替制度。制度是定了，大会小会都要讲一定要按制度办事。可一到具体做事时，一些领导就会将制度的条条框框抛至脑后，完全以自己的好恶、以自己的观念和认识去作决定。导致人们不以制度为准绳，而是把领导的喜好作为自己行动的准则，不管领导所言是否正确，根本不管是否符合制度，为了生存就趋炎附势，换一任领导就换一套思路，下属就要跟着领导的思路变，什么制度和制度执行就流于虚置；四是人情观大于制度的严肃性，处理事情以关系为导向而不是以成就为导向。

第四，让制度“聪明”起来。让制度活起来还不够，要发挥制度的治理作用，“傻”的制度是起不到治理作用的，不聪明的制度或者愚笨的制度只能起误导作用，必须让制度“聪明”起来。

所谓制度的智商，是指制度的设计和运行过程，能否在规范人们行为中体现出公平、公正的宗旨，富有正义精神和对社会发展的预见性、前瞻性的理念和品性，是关注多数人的福祉还是少数人的利益，是以成就为取向的还是以个人感情和恩怨为取向和仲裁标准的一系列程序和规定。是相对于那些落后于时代、僵化、死板而没有人文关怀和向善价值取向的制度而言的。

人的智商高，会带来繁荣。制度的智商比人的智商更重要，因为社会的发展繁荣最终要靠组织起来的人的合力来推动，而这组织起来的纽带就是制度。因此，人的智商最终要体现在制度上，而不是单个个人的智商的叠加。制度也有智商，制度的智商是人的智商的折射。

判断一项制度聪明与否、智商高低的标准是在社会实践中，而不是在少数人的好恶中。在人民的福祉是否实现了，或为着实现人民的福祉设计；在于鼓励人们向善的同时能遏制罪恶与丑陋的行为；在于是否体现人人平等而没有特权；在于是否鼓励人们为实现自己利益的同时也是在为大家的利益而忙碌的品性；等等。

聪明的制度能激发人们创造的活力，鼓励人们开拓进取的积极性，体现倡导节约社会运行成本，提高生产效率，降低内耗的科学精神，鼓励向善的社会行为，遏制破坏社会公共道德和损人利己的恶行，等等。愚笨的制度正好相反——鼓励恶人而压制好人，鼓励偷懒而遏制勤劳，客观上鼓励恶行而压抑善举。

第五，让制度“神圣”起来。磨砺制度之“刀”。制度的硬权力是不容侵犯的，这便是制度之“刀”，这是制度抑恶扬善的命根子，制度善恶取向问题是最要命的。制度之“刀”要真“制”而不是假“制”，谁也不能越雷池一步，不管你是什么样级别的“官大爷”，也不管你是地位多么草根的黎民百姓，谁都一样，犯了制度要惩罚。这是连古代的开明封建皇帝都知道的事。在中国共产党执政的人民民主共和国，不能容忍任何挑战制度之“刀”。不能因为你是谁的公子，制度就对你网开一面，就对你“仁慈”。那老百姓再犯了制度你再去制他，制度就没有了权威和威严，这是制度领导的“铁纪律”。

如果制度不制恶那反过来就是养恶。很明显，存在一个制度善恶取向问题，要么是制度养善，要么是制度养恶。这是一个大是大非的问题。如果制度坚持养恶，那么社会就会越来越黑暗。如果制度坚持养善，那么社会就会越来越光明，因为即使个人想作恶也没有机会，制度让作恶变得不可能。这样，就会给每一个社会成员以向善的信心，而自觉阻止邪恶之心滋长蔓延，社会改革就可以获得更广泛的基础和支撑力量，废除养恶制度，努力建设养善制度就会成为公众一致的选择。

地方党委政府网络领导与治理机制研究

雷　强*

随着互联网技术迅速普及，中国网络社会迅猛崛起，给地方政府提出了挑战，也提供了机遇。截至2013年12月，我国网民规模达6.18亿，互联网普及率为45.8%；手机网民规模达到5亿，微博、微信的用户几乎无处不在、无时不在。通过信息共享，网民群众变得更加智慧、更加积极，主动参政议政，成为推动社会发展的基本动力。因此，走好“网上群众路线”，培养互联网思维，建立地方政府网络领导与治理机制，成为党政领导干部和学者共同关注的时代命题。

一、创新领导思维，建立党委政府网络领导机制

迎接网络社会的挑战，党政领导干部要树立开放、共享、互动、服务的互联网思维，推动党委政府领导方式的转型升级。作为新领导方式，网络领导是基于网络平台的多元领导主体共建愿景、共同治理、共享幸福的过程。网络领导的本质是共享领导，是多元领导主体共享信息、共享权力。网络领导的关键是共同治理，是协同共治。网络领导的目的是共享幸福，让改革开放的成果惠及大多数人。

地方党委政府要主动“链接”多元领导主体。在实施网络领导过程中，共有五大领导主体，即党和政府、媒体、工商企业、非政府组织、网民群众。党委政府要继承和创新群众路线，以媒体（包括新旧媒体）为平台，主动联系工商企业、非营利组织和网民群众，成为互联网的主导力量。主流媒体要充分发挥沟通传播作用，成为党委政府联系网民微众的重要平台。例如，人民网《地方领导留言板》是备受百姓瞩目的民生栏目，是“社情民意的集散地、亲民爱民的回音壁”。栏目自2006年开办以来，截至目前，累计已有53位省委书记省长、400多

* 雷强：国家行政学院领导科学研究中心副秘书长，国家行政学院政治学教研部副教授。

位地市级一把手、1 000 多位县级领导对人民网《地方领导留言板》网友留言做出公开回复，涉及全国内地 31 个省区市中的 30 个。

建立地方党委政府网络领导机制，首先要建立网络民主协商机制，集中网民群众的智慧，形成党委政府与网民群众的共识。先要重视“策”，通过网络公共领域，先让网民群众讨论公共政策，提出对策建议。其次，从网民群众中“选”主意，“合”主意，形成对策建议或者立法建议。再次，领导干部和网民群众共同“决断”，制定正确的公共政策。最后，要通过网络传播，让公共政策深入网民群众之中。实践证明，网络决策关键是在打开决策的空间，缩短决策的时间，让更多的网民在决策之前、决策之中参与协商，提高决策质量，提高公共政策的执行能力，提高政府公信力和说服力。

建立地方党委政府网络领导机制，核心是建设整体性政府，建设党委政府和社会力量互动协同机制。传统官僚制推崇机械的分工与合作，以等级控制和职能分化方式寻求不同政府之间、政府内部部门之间以及人员之间的合作，但是造成了党委政府机构的碎片化和信息的孤岛化，造成了部门分割和利益驱动的官僚主义作风。当前，地方党委政府需要加快推动党委、人大、政府、政协、法院和检察院以及事业单位的网站的集约化建设，建立跨地区、跨部门、跨层级的信息共享推进机制，加强党政系统的跨界合作机制，从而建立以党委政府为核心的网络领导机制。

二、统筹两个世界，建立党政部门责任管理机制

地方党政领导要统筹网上网下两个世界，加快电子政务的转型升级，建设责任政府，建立党政部门网络责任管理机制。从政府上网开始，地方领导干部习惯于从部门角度看网络，强调各司其职，守土有责。这是因为在基于工业社会的政府结构是官僚制，各个系统、各个单位、各个部门之间习惯于各司其职，分工合作，并且具有一定的管理成效。网络社会是超越工业社会，网络化协同政府不是要抛弃官僚制，而是要扬弃官僚主义，发挥科层制度的作用。因此，地方党委政府往往延续传统管理经验，以现实社会的岗位职责为基础，进行网络虚拟空间的责任划分。

具体而言，地方党委政府各部门各单位各系统建立起“各司其职，守土有责”的责任追究机制。网络是一面镜子，是现实世界的延伸和反映。地方领导干部需要把工作从现实社会延伸到虚拟空间，民意生长到哪里，目光就要关注到哪里，诉求

表达到哪里，责任就要体现在哪里。做不到守土有责，那就是开门揖盗。

守土有责意味着领导干部恪尽职守，做好职责范围内、管辖范围内的工作，确保安定团结，积极造福地方。具体而言，省委书记、市委书记、区委书记积极发挥党委的核心作用，总览全局，协调各方，成为地方互联网的中心。省长、市长既要制定政策，又要维护秩序，还要积极参与互联网建设。党委政府系统的各个职能部门要承担其网络领导与治理责任，例如宣传部长从宣传与传播角度，强调用好新媒体，唱响网上主旋律，引导网络舆论，而纪委书记从本职工作出发，强调网络监督，主动与网民携手编织反腐之“网”。

三、善于运用全媒体，建立网络舆论引导机制

地方党委政府要树立全媒体观念，打造全媒体网络舆论引导机制，整合党委政府微博、微信、官方门户网站、传统主流媒体（包括报纸、广播、电视）等力量，联系地方民间网络论坛和国内主要新媒体，建立网络舆情起、承、转、合的引导机制，把握地方网络舆论的领导权和主动权。

建立网络舆论引导机制，首先要建立网络舆情监测机制。坚持全时全网监测，第一时间发现问题。顺应网民信息裂变式传播之势，第一时间积极回应。一旦发现舆情信息，作为责任主体部门必须以最快的速度作出反应，力争在第一时间发布信息，表明立场和态度，做到事实当澄清，过错需谦虚，问责必改善。网络舆论引导机制，关键是建立信息核查机制，承接民意，深入调查真相，准确回应，动态发布。对于突发事件的信息源，党委政府发布信息时一定要反复核实，确保真实无误。发布信息要反复核实，确保能够经得住网民“挑刺”，千万不要因微小的误报、漏报加重网民的质疑甚至误解，影响党委政府公信力，引发“次生危机”。

网络舆论引导机制，重点在于把握舆论主动权，善于转圜，赢得舆情主导权。媒介不仅是信息的提供者，还应该是舆论的引导者。当公众得知事件之后，往往要进一步思考事件背后的奥秘。地方党委政府要理性地引导舆论，条分缕析，鞭辟入里，引导网民群众走出“视觉盲区”和“认识误区”。网络舆论引导机制，目的在于寻求合作，处理好党委政府相关部门、媒体、企业、非政府组织和微领袖之间的关系，把多方面的博弈关系转化为相互协同关系。

四、整合网络平台，建立党政协同服务机制

建立党政协同服务机制，需要地方党委政府整合各种网络资源，打造官民互

动网络平台。具体而言，领导干部需要用好三种网络平台。首先，重视主流新媒体网站。例如，地方领导干部关注人民网地方领导留言板，认真对待每条留言；天津滨海新区重视北方网“政民零距离”；重庆市委宣传部在重庆门户网站华龙网建立了立体式网络问政平台。其次，建设专业网络平台。例如，北京市互联网信息办公室推出“北京地区网站联合辟谣平台”。再次，整合资源，建立综合服务平台。需要把“书记（市长）信箱”、12388电话举报、网络举报、手机短信举报以及涉网络问政与“12345”热线等资源整合成为“综合服务平台”，实现热线电话和网络问政全覆盖，形成热线、网络、微博、短信、传真多种受理渠道，打造了“24小时不下班的网上政府”。

建立党政网络协同服务机制，关键是完善网络问政的问、办、评、改机制。第一个环节是网民问政，向党委政府提出问题和要求、意见和建议。第二个环节是留言办理，建立了网络问政的红黄牌督办制度，限时办理。第三个环节是共同评价。越来越多的地方政府建立“群众满意回复排行榜”和“群众不满意排行榜”，把群众评议与干部绩效考核挂钩，与领导干部任用挂钩。第四个环节是改善治理制度。例如，河南省商丘市逐步创立了网络留言办理“五六工作法”，即五项工作机制，六个百分之百。五项工作机制就是实时浏览制、专题交办制、限时办结制、联动督查制、舆情分析制；六个百分之百就是实现受理、登记、交办、督查、反馈、回访百分之百。

当前，地方政府需要抓住智慧城市建设等机遇，建立向社会延伸的党政网络协同服务平台，建立密切联系网民群众的协同服务机制。地方政府需要加快推进依托电子政务平台促进城镇基层社会管理和服务应用向街道和社区延伸，抓住国家开展新一代互联网技术在电子政务中的试点的机会，推动超高速宽带网络、物联网、云计算、移动互联网、三网融合等技术在地方党委政府管理中的应用。地方党委政府要建立大型云计算数据中心，有效制定大数据战略，实现从“为人民服务”到“为人人服务”的转型升级，建立基于大数据的为网民群众提供个性化服务的协同服务机制。

五、加强网络治理，建立网络生态维护机制

地方党委政府建立网络领导与治理机制，关键是建立开放的互联网生态环境。地方党委政府的协同治理是指领导干部探索建立以网络社会为基础的扁平化网络化政府，通过互联网共享信息，跨越部门之间的界限，协同党和政府和社会

各种力量，解决公共问题，提供公共服务，实现公共利益。例如，广东省惠州市积极打造综合网络平台，“以网络为统筹协调各项工作的抓手”，建立了跨越党委政府、事业单位、社会组织和网民群众的“政—民—事一体化协调机制”，真正为网民群众服务，建设党和政府与社会各界合作共赢的生态圈。

加强网络治理，基础在于建立网络秩序维护机制。网络空间不是“理想国”，从谩骂、挑衅，到抹黑、恶搞，网络暴力妨碍了普通网民的知情权，逾越了法律的边界甚至道德的底线。针对网络与信息安全、个人隐私、青少年保护和知识产权等突出问题，加强政策调整和监管创新，强化经济、技术、法律等手段的综合运用，大力推动行业自律和公众监督，构建全方位的社会化治理体系，着力打造安全、健康、诚信的网络环境。既要不断强化党委政府的规制能力，以“有形的手”强力扑杀网上各种“有害信息”，又要充分遵循网络传播规律，更多地以“无形的手”调节网络舆论生态，发挥互联网的自我净化的功能，推动网民在网络社区实现“自律”和“自治”。例如，有的地方出台《关于实施互联网、手机等真实身份信息注册管理的意见》《自治区新闻网站从业人员资格管理办法》等文件，将论坛、博客、搜索引擎等具有新闻舆论和社会动员功能的互联网、手机等新兴媒体纳入专项许可范围，对具有博客、论坛等互动功能的网站进行了审批备案。

加强网络治理，关键是建立网络文化创造机制。信息不仅成为权力的来源，而且成为人们生活意义的来源。网民既是网络文化的顾客，也是网络文化的创客，在网络狂欢中繁荣通俗文化。地方党委政府要重视支持网络文化产品的创作生产，关注网民群众的日常生活世界，引导网民群众在体验中增进认同。例如，从 2009 年开始，重庆已连续举办了四届网络文化节，吸引上千万网民参加，引导网民进行积极健康的网络文化生产，其中，网络小说大赛收到参赛作品 4 000 多部，有两部小说入围茅盾文学奖参评作品。从网络规制到网络文化，就是要刚柔相济，就是要以文化人，让网民群众在文化创造中体验到幸福和快乐。

以中国梦引领政府治理现代化

高妍妍*

“完善和发展中国特色社会主义制度，推进国家治理体系和治理能力现代化”作为党的十八届三中全会所确立的全面深化改革的总目标，对中国特色社会主义事业的影响意义深远。“国家治理体系和治理能力的现代化”，包含治理体系的现代化与治理能力的现代化两个维度，既体现出我党对中国特色社会主义政治发展规律的进一步认知与创新，也体现出我党执政能力的提高与执政理念的思维转变。国家治理体系现代化的构建是一个“和谐”的大工程，体现在系统性、协调性以及动态的平衡，是一个具有内在一致性的有机整体。本文仅从顶层设计理念的角度出发，对推进国家治理现代化进行粗浅的思考与分析。

一、推进国家治理体系现代化，秉承顶层设计理念的必要性

推进国家治理体系现代化，是政治现代化的重要内容，也是政治改革的重要内容。是改革，就必须要拿出巨大的政治勇气，首先在观念认知上就要实现新的突破。我国改革的现状是“我们当前的改革属于‘刺激—反应’式，揭露了问题再去解决问题，这很容易导致改革的‘碎片化’”。[①] 传统的“摸着石头过河”的理念和“头痛医头，脚痛医脚”的零敲碎打的方式来推进现代化的治理体系已经满足不了改革进入深水区的现状，采用一种类似于项目工程式的设计理念来统筹全局的的理念与方法已经是大势所趋。正所谓：“不能谋全局者不能谋一域，不足谋万世者不足谋一时。”目前，由十七届五中全会以来一直备受瞩目的“顶层设计”，在理论上，是促使改革工作得以有效进行的前提，也是我们推进国家治理体系现代化所应具备的先决性理念。

当今中国社会问题、社会矛盾的不断积累，迫切要求推进国家治理体系现代

* 高妍妍：吐鲁番地区行政学院基础理论教研室讲师。

① 高小平：《国家治理体系与治理能力现代化的实现路径》，《中国行政管理》2014 年第 1 期。

化从建构理念的根本上做出调整。根本上的调整就必须以高屋建瓴的、现代化的、科学的、系统化的设计理念在宏观上进行规划，在中观上具体构建，在微观上贯彻实施。顶层设计在社会发展和管理领域的运用，也可以理解为政府“战略管理”。战略管理这一概念则包含三个内涵：一是战略目标的规划与设计；二是战略过程的组织与控制；三是战略执行与实施。

第一，在国家治理体系现代化的推进中，顶层设计理念体现出国家治理现代化的目标规划与设计。顶层设计理念建构进程中的国家治理体系现代化，要设计国家治理体系总体方案，对现代化的治理体系的全局进行动态性的把握，体现目标的设计与规划，这包含了我们对国家治理体系现代化的基本精神、基本要求、基本原则的理解与诉求。既要体现出传统和合精神与现代创新精神的完美融合，又要展现出适应经济全球化、信息化的要求和适应政治民主化与经济社会发展相适应的协调，既能体现出党的领导、政府主导以及各方积极参与与各种诉求的充分表达与有效整合，又能创造公平竞争的社会环境，发展完善的社会公平正义并有效及时回应各种社会关切、有效应对国内外突发事件。

第二，在国家治理体系现代化的推进中，顶层设计理念体现出国家治理现代化的过程组织与控制。顶层设计理念在推进国家治理体系现代化中不仅仅承担一个概念性的宏观指导角色，其作用还体现在对国家治理体系现代化体系基本模式的设计与规划，体现出对其过程的组织与控制，对现代化的治理体系的全局和体系构建的进程进行系统配套安排，使得该体系的组织与过程可行可控；同时体系的构建具有鲜明的层次性，从宏观到中观，从中观到微观依次递推，保障体系内各环节以及各进程的执行与实施。对重大的改革，应当先立法后改革，以法律手段来使改革从经验型过渡到理性、规范有序的阶段，这样才能确保改革的顺利进行，保证改革的执行力。同时，立法要体现出一个整体的序列性、系统的推进性以避免交叉与空白。

第三，在国家治理体系现代化的推进中，顶层设计理念体现出国家治理现代化的执行与实施。顶层设计理念强调对国家治理体系现代化的目标规划与组织控制，更着眼于对微观的执行与实施，任何完美的精神、要求与目标的设想以及健全完善的体制模型都必须以精确的执行与贯彻落实为落脚点，否则就是纸上谈兵。顶层设计理念注重“层层推进”，兼顾决策的高瞻远瞩、过程的延续贯通以及执行的精准无误，事实上，顶层设计最初在西方系统工程学中执行贯彻的精准也是其中的关键环节。同样，顶层设计与“尊重群众首创精神”，这两者并不矛盾，国家治理体系现代化构建中既要坚持“自上而下”的基本路径，也要重视

“自下而上”的路径，两条路径的统一，才能有力推进国家治理体系现代化。

二、顶层设计理念下的国家治理体系现代化建设，必须紧扣中国特色

“顶层设计”英文为“top-down”，是西方系统工程学概念，表达一种从最高端向最低端、从一般到特殊展开系统推进的设计方法，其方法实质上一个总体规划的具体化，也包含了设计者处于体系的最高端，一层一层向下规划的含义。党的十七届五中全会将这一理念引入我国的社会领域，主要指站在较高战略点上，统筹协调各方面因素，整体性、系统性地解决社会问题之道，强调解决问题的规划性、科学性、关联性、系统性。

改革开放以来，中国政治发展既明显不同于过去的传统政治意识形态和政治制度，更不同于西方的政治模式；相反，中国正在形成一种别具特色的政治模式，中国共产党把这种政治模式称为中国特色的社会主义民主政治。如何能在顶层设计的理念下推进国家治理体系现代化的进程，或者说，顶层设计这一理念如何进入中国特色社会主义国家治理体系现代化的语境中去发挥作用，中国特色是我们不得不着重关注的一个问题。

（一）紧扣中国特色，必须深刻把握当前中国的历史方位

当前中国处于社会主义初级阶段，社会主义初级阶段的基本任务就是发展生产力，这就势必要求在顶层设计理念下、现代化国家治理体系的构建下战略目标的规划与设计必须与社会主义初级阶段的基本任务契合，即以发展生产力作为体系构建的基本要求。同时，还要关注当前我国的发展现状，以适应中国的发展为中心，从中国的现状与未来为出发带动，这就要求国家治理现代化体系要满足适应当前经济全球化、信息全球化的要求；适应政治民主化的要求；与经济社会发展的现状相适应，与信息技术发展、应用相适应等要求，而不能片面地从“顶层设计”这一理念本身的层级或国家治理现代化体系本身的等级优劣为出发点作为构建或者衡量构建的标准，量身打造符合中国实际、适应中国国情、促进我们政治现代化的国家治理体系。

（二）紧扣中国特色，必须深刻契合中国特色社会主义的体制特色

党的领导、人民当家做主和依法治国三者的有机统一是中国特色社会主义政治体制的最明显的特征，这就要求该特征在顶层设计战略基本原则中得以充分体现，坚持共产党专政与各民主党派参政，坚持人民当家做主，以充分的窗口和渠

道保证人民参政议政的权利以及坚持依法治国与德治的有机结合。在此基础上获取强大的民意基础和推动国家发展的社会力量。这就要求国家治理体系现代化的构建中要达到以下具有中国特色的目标：共产党的领导与政府主导以及各方参与的有机统一、各种诉求的充分表达与有效整合，及时有效地回应各种社会热点与社会关切、创造公平竞争的社会环境、发展完善社会的公平正义与有效应对国内外的突发事件、及时平衡和调整重大社会利益关系和及时跟踪、提供各种公共服务等。

（三）紧扣中国特色，必须深刻融合中国的文化传统

复旦历史系朱维铮教授指出："文化传统指文化中的精髓，是文化得以延续下去的东西。""传统乃是一种有生命的、不断在修正中延续的东西，是民族文化的命脉。"从具有文化传统的价值观和价值坐标出发所建构的国家治理现代化体系所秉承的基本精神，应该与当前中国的核心价值观相一致，与中国传统文化所积淀的文化精髓理念相一致，带有浓厚的中国色彩，饱含强烈的民族认同感。中国政治文化饱含浓厚的德治色彩、民本情感等，这些在"顶层设计"的概念和理念的范畴之外，确实是根植于中国人内在的独特的精神追求与理想政治。国家治理体系现代化，其根本在于制度，其关键在于人心，而凝聚人心的力量在于认同，深刻理解。直面中国特色传统文化，比如领导艺术、比如人脉文化等等，这是唤起中国人民的文化认同，增进国人情感理解，进而增强国家治理体系现代化的凝聚的重要环节。

只有从顶层设计的理念出发，在战略目标即国家治理体系现代化的规划与设计均与中国特色社会主义相结合，才能为战略过程的组织与控制和战略执行与实施夯实基础。同样，在组织与控制和战略执行与实施方面，也要紧扣中国特色，比如区域经济发展不平衡所带来的差异化、比如德治所尊崇的软实力等，都需要在这一现代化体系中得到展现。

一个由西方工程学的理念在推进中国国家治理体系现代化进程中发挥作用，东西文化的差异与学术领域的跨越必然会使得设计推进理念的应然状态与实然状态出现强烈的反差，只有在设计伊始充分考虑该要素，紧扣中国特色，着眼中国实际，进入中国话语，才可能尽量少的减少理论实践差距。

三、顶层设计理念下的国家治理体系现代化建设，必须贯彻以人为本

以人为本、执政为民是马克思主义政党的生命根基和本质要求，也是中国共

产党的性质、宗旨的集中体现，是我们党的核心价值追求和执政理念。以人为本涵盖体系内外两个方面的内容，对外，国家治理体系现代化要充分体现在执政为民，贯彻党的群众路线，改善民生、构建和谐社会，建设美丽中国，站在人民的立场上，为人民谋福利，让人民得实惠；对内，国家治理体系现代化要体现以人为本的管理理念。

（一）国家治理体系现代化的执政为民思想

古代思想家孟子曾说过一句话："民为贵，社稷次之，君为轻。"寥寥数语，却充分体现了"以民为本"这一执政的根本中心。党的十八大报告明确提出"坚持以人为本、执政为民，始终保持党同人民群众的血肉联系""为人民服务是党的根本宗旨，以人为本、执政为民是检验党一切执政活动的最高标准。任何时候都要把人民利益放在第一位，始终与人民心连心、同呼吸、共命运，始终依靠人民推动历史前进"。这一重要论述，深刻揭示了我们党一切执政活动的根本目的、依靠力量和评价标准，也是推进国家治理体系现代化建设的目标。坚持问政于民、问需于民、问计于民，从人民伟大实践中汲取智慧和力量，坚持实干富民、实干兴邦，敢于开拓、勇于担当，多干让人民满意的好事实事，高度重视改善民生，深入了解群众的生产生活状况，悉心体味群众的喜怒哀乐，认真解决人民群众最关心最直接最现实的利益问题，千方百计为群众排忧解难，让人民群众更多享受改革发展成果，构建和谐社会，建设美丽中国，站在人民的立场上，为人民谋福利，让人民得实惠。

（二）国家治理体系现代化的人本管理理念

"无论多么完善的治理体系，最终都要落实在具体的治理能力上，治理能力是实现治理实效的关键"。[①] 无论多么完美的体系，最终的落脚点都在于体系的执行与实施环节。而体系的运作除了体制这些基本恒定因素外，最大的不稳定因素就在于体系的执行者，在于"人"的要素。在构建治理体系的过程中充分考虑治理能力的现代化管理，才能为顶层设计理念中战略的执行和实施做好充分的铺垫。

推进国家治理体系现代化中贯彻以人为本的管理理念，就是要摒弃将体系中的执行者作为工具性角色的观念，从而注重在管理执行过程中以人为出发点和中心，围绕着激发和调动人的主动性、积极性、创造性展开工作，以实现人与体系

① 戴长征：《中国国家治理体系与治理能力建设初探》，《中国行政管理》2014年第1期。

共同发展的一系列管理活动。

在现代化治理体系中，执行者不仅包括传统模式下的公务员、事业单位人员，还包括多种治理途径下参与的社会组织人员、义工等等，这就与以往的人员构成方面有了很大的差别，美国管理学权威彼德·杜拉克曾说："企业或事业唯一的真正资源是人，管理就是充分开发人力资源以做好工作。"① 所以，有差别的、深入的区别不同执行者的情感需求与职业愿望，因人而异的管理与沟通是以人为本管理的出发点。

贯彻以人为本的管理理念，要秉承管理第一，满足人的需要，实施激励，建立和谐的人际关系，优化教育培训，开发与发展人，个人与体系共同发展等原则。在深化定位这行队伍的人性假设的基础上研究不同层次的体系执行者的工作动机和心理需求，尤其是非公务人员的情感需求与事业期望，创建有助其发挥积极性、主动性、创造性的管理平台及激励机制，发挥"人格"软实力与有效的沟通的管理艺术，"在规章制度的硬性条件下，凸显执行者本后软性个体思想和创新精神"② 从而保证确保体系执行实施过程中沟通的畅通与执行实效的落实。

① 商自申：《对"以人为本"管理实质的几点思考》，《现代企业教育》2006 年第 1 期。
② 罗珊珊：《人性假设理论视角下公务员管理制度的完善》，《管理观察》2010 年第 10 期。

浅析党的执政能力与政府治理能力的互动

郭从伦*

党的十八届三中全会通过的《中共中央关于全面深化改革若干重大问题的决定》(以下简称《决定》),是贯彻落实党的十八大关于全面深化改革的重大战略部署,是实现全面深化改革总目标——完善和发展中国特色社会主义制度,推进国家治理体系和治理能力现代化——的重大战略举措。《决定》明确指出,“科学的宏观调控,有效的政府治理,是发挥社会主义市场经济体制优势的内在要求”;要“加强党委领导,发挥政府主导作用,鼓励和支持社会各方面参与,实现政府治理和社会自我调节、居民自治良性互动”。《决定》还提出,加强和改善党的领导,提高党的领导水平和执政能力,是全面深化改革能否取得成功的关键。

中国共产党是中国特色社会主义事业的领导核心,是全面深化改革必须坚持的根本原则。提高党的执政能力和政府治理能力,形成党的执政能力和政府治理能力的良性互动,是推进国家治理体系和治理能力现代化的重要内容与必然要求,也是实现“两个百年目标”、实现富强民主文明和谐的社会主义现代化国家的重要途径。

一、党的执政能力与政府治理能力的内涵

(一)党的执政能力

党的十六届四中全会通过的《中共中央关于加强党的执政能力建设的决定》指出:“党的执政能力,就是党提出和运用正确的理论、路线、方针、政策和策略,领导制定和实施宪法和法律,采取科学的领导制度和领导方式,动员和组织人民依法管理国家和社会事务、经济和文化事业,有效治党治国治军,建设社会

* 郭从伦:四川行政学院科社教研部副主任,副教授。

主义现代化国家的本领。”提高党的执政能力，必须处理好几个方面的关系：一是党的执政能力与党领导下制定和遵守宪法和法律的关系；二是党的执政能力与党的理论、路线、方针、政策的关系；三是党的执政能力与党的领导制度和领导方式的关系；四是党的执政能力与党自身建设的关系。

当前，党的执政能力的最重要体现，就是贯彻落实党的十八大、十八届三中全会精神，注重改革的系统性、整体性、协同性，加快发展社会主义市场经济、民主政治、先进文化、和谐社会、生态文明，让一切劳动、知识、技术、管理、资本的活力竞相迸发，让一切创造社会财富的源泉充分涌流，让发展成果更多更公平惠及全体人民，努力开拓中国特色社会主义事业更加广阔的前景，取得全面深化改革的最终胜利。

（二）政府治理能力

1995年全球治理委员会在《我们的全球伙伴关系》研究报告中指出，治理是各种公共的或私人的个人和机构管理其共同事务的诸多方式的总和。它是使相互冲突的利益得以调和并且采取联合行动的持续的过程。这既包括有权迫使人们服从的正式制度和规则，也包括各种人们同意或以为符合其利益的非正式的制度安排。俞可平认为“治理一词的基本含义是指在一个既定的范围内运用权威维持秩序，满足公众的需要，以最大限度地增进公共利益”。①

政府治理能力，是指政府在与政党、市场、社会和公民等其他治理主体协商、合作过程中，对社会、公民需求做出有效、及时回应，以实现公共利益最大化的能力和水平。胡鞍钢等在《治理能力与社会机会》一文中认为“治理能力反映的是政府治理行为的水平和质量，是对政府治理模式稳定性、有效性和合法性的直观度量；较高的治理能力意味着政府对经济社会运行具有较强的调节能力，能够较好的规避市场失灵，提高社会成员的总体福利水平”。② 提高政府治理能力，必须妥善处理治理主体的多元合作、政府职能的合理界定、政府组织结构的优化、权力运行的方式转变等诸多问题。

二、党的执政能力与政府治理能力的关系

党的执政能力和政府治理能力，二者相互促进又相互影响、相互制约，党的

---

① 俞可平：《治理与善治》，社会科学文献出版社2004年版，第42页。

② 胡鞍钢、魏星：《治理能力与社会机会》，《河北学刊》2009年第1期。

执政能力很大程度上通过政府治理能力体现出来，同时，政府治理能力的提高又有利于加强党的执政能力建设。

(一) 党的执政能力与政府治理能力的区别

从主体来看，党的执政能力的主体是单一的，在中国仅指中国共产党；而政府治理能力的主体是多元的，包括政府、准公共机构、私人机构、社会组织和公民个人等。

从客体来看，党的执政能力的客体是国家政权，其强弱是由执政党对国家政权的执掌本领的强弱决定的；而政府治理能力的客体是社会公共事务，它更多地强调的是一种彼此持续互动的协调过程。[①]

从能力所使用的工具或依赖途径来看，执政党通过制定宪法和法律，将党和人民的主张以法律、纲领、路线、方针、政策等形式上升为国家意志，然后交由政府实施和执行；政府治理能力就是贯彻落实法律、纲领、路线、方针、政策的能力。虽然政府在治理过程中可以制定行政法规、规章、条例、措施等，但其目的是更好地贯彻党和人民的意志。

从体现载体来看，党的执政能力更多地体现在宏观层面，如制定大政方针，关注的是党执掌政权的合法性、执政基础与民意支持度，党执政之法律健全程度与制度的稳定性和有效性，治理社会的效率与成本以及社会秩序与社会风尚的维系度；而政府治理能力则更多地体现在治理的绩效以及回应社会需求的及时性、有效性上。当然，党的执政能力与党的领导能力、领导制度、领导水平密切相关，而政府治理能力与政府治理的技术和手段密切相关。

(二) 党的执政能力与政府治理能力的共同点

在我国的政治生活中，党的执政能力与政府治理能力有很多共同之处：

其一，二者价值追求的一致性。我们党的执政能力和政府治理能力的核心都是代表和反映最广大人民群众的利益和意志，强调执政为民、服务人民，人民利益至上性是二者共同的出发点和落脚点。在我国，中国共产党始终是中国工人阶级的先锋队，同时也是中国人民和中华民族的先锋队，党的执政能力建设的目的是使党始终成为立党为公、执政为民的执政党，团结带领全国各族人民实现国家富强、民族振兴、社会和谐、人民幸福，是我们党始终不渝的奋斗目标。同样，政府治理能力建设，强调在公民认同和广泛共识基础上，以自愿和平等协商为原

---

① 王冠中：《专政·执政·执政能力·治理能力辨析》，《湖北行政学院学报》2005年第2期。

则，通过政府与市场、政府与社会、政府与公民在公共事务领域的合作，维护公共秩序、满足公众需要、促进公共利益。可见，二者的价值追求都是为了实现好、维护好、发展好最广大人民群众的根本利益。

其二，党的执政理念和政府治理理念的一致性。在新的历史条件下，加强党的执政能力建设需要不断完善党的领导方式和执政方式，做到科学执政、民主执政、依法执政，使我们党成为求真务实、开拓创新、勤政高效、清正廉洁的执政党。这一切都离不开社会组织、公民的积极参与，离不开对人民诉求的及时回应、离不开法治的健全。同样，政府治理的理想状态是“善治”，基本要素包括合法性、法治性、透明性、责任性、回应性、有效性、参与性、稳定性、廉洁和公正。善治就是使公共利益最大化的治理过程，其本质特征在于治理主体的平等协商、合作共治，其基础在于公民自愿的合作和对权威的自觉认同。毫无疑问，多元治理主体的积极参与，有助于补救市场失灵和政府失效、集权失灵和民主缺位的双重缺憾，有助于提高公共事务的管理效率和公共服务的能力。①

其三，二者目标指向的一致性。党的执政能力与政府治理能力的最终目标，都是为了实现高度发达的社会主义民主政治，这是政治发展文明程度和国家治理水平的重要标志。加强党的执政能力建设，就是通过扩大和健全充分反映各级党组织和党员意愿的党内民主制度，通过科学执政、民主执政和依法执政，来带动和完善社会主义民主建设和法制建设，推进社会主义民主政治的发展和进步。同时，政府治理能力建设的重点表现在民主政府、法治政府、廉洁政府和限权政府等方面，其目标就是政府治理的现代化，通过政府职能的转变，逐步形成政府、企业、社会组织等多元治理主体互动的民主政治体制，推动社会主义民主政治的实现。

三、党的执政能力与政府治理能力良性互动的形成

党的执政能力与政府治理能力不是互不联系的单独方面，而是同一个体系或过程中相互依存、相互影响、紧密联系的两个组成部分。形成党的执政能力与政府治理能力良性互动格局，对于实现“两个百年目标”、实现中华民族伟大复兴的中国梦有重大现实意义。

（一）合理界定职能，实现互补协作的关系体制

要明确党的执政能力建设和政府治理能力建设的重点和范围。在我国传统计

① 梁莹、王飞：《善治：加强党的执政能力建设的新理念》，《重庆社会科学》2004 年第 1 期。

划经济体制下形成的政治生活中的党政不分、以党代政现象，给我国政治制度带来诸多负面影响，如党组织的权力化、行政化扭曲政党的性质和功能；不受监督和制约的政治权力滋生的大面积腐败；高度集权的党政体制导致的形式主义、官僚主义、享乐主义和不正之风，大大降低了执政效率。邓小平同志曾经提出“党政分开”的五个基本观点：第一，政治体制改革的内容，首先是党政要分开；第二，党要善于领导，党政要分开；第三，党政不分，以党代政，权力过分集中，削弱了党的领导；第四，党政分开，政府的工作、党的领导都会加强；第五，党政分开，不是削弱党的领导，而是为了加强党的领导。因此，界定党政职能首先表现为执政党从具体的微观管理活动中退出来，党管党的事，政府管政府的事，党在国家政治生活中的领导是政治领导、思想领导、组织领导。在执政方式上，党的领导要通过党的主张上升为法律、国家机关中的党组以及党管干部、党管人才、发挥党员的先锋模范作用和加强思想政治工作来实现。

在社会主义市场经济条件下，政府是公共权力运行的载体，其发展趋势是由全能政府转向服务政府、责任政府、法治政府。政府的职责主要是明晰和保护产权，确立和实施市场竞争规则，提供和配置公共产品，制定和实施社会政策，制定和颁布法律规范，建立和健全社会保障体系，培植和规范社会组织等。政府治理能力建设必须以建立一个公平正义的政府为目标，注重合法性、透明性、责任性、有效性和回应性，特别是建立健全利益表达机制和渠道，通过竞争性选举机制等丰富民主形式，扩大公民有序政治参与，保证人民依法实行民主选举、民主决策、民主管理和民主监督等。

（二）优化机构设置，形成权能合理的组织体系

推进党的执政能力建设与政府治理能力建设，要实现党政机构在组织结构上的优化与配置。我们以前历次机构改革之所以每每陷入怪圈，一个根本原因就是没有着眼于政治体制改革的宏观战略，没有将机构改革纳入政治体制整体改革的进程中去考虑，没有将党组织结构调整与政府机构改革结合起来进行，其结果依然是党政不分，党委代行政府职能的实质并没有转变，结果形成恶性循环。因此，政治体制改革整体推进，需要党政在权能清晰情况下实现机构配套、功能互动、各司其职。

中国共产党作为执政党、作为国家政治生活的领导者，其根本职能是对国家生活的“总的领导”，即具有政治领导、组织保证、思想教育、监督协调等职能。微观上讲，要加强党委部门的宏观管理职能部门，简化一般性事务管理部门，把

重点放在各方面工作的协调和指导上，在此基础上对党的组织进行精简、调整，实现党组织的简约化，切实解决党政领导成员分工重叠问题，减少领导职数，撤并党委和政府职能相同或相近的工作部门。同时，政府机构改革也不能单纯地在机构、人员数量上做文章，而应在对与党政机构紧密联系的职能、权力等诸要素进行变革基础上，在对党政组织机构重新规划、整体布局基础上，重新调整政府职能，根据党政之间的合理分工和政府的公共性质对政府机构重新定位，形成一个结构合理、治理科学、工作高效的运行机制。

（三）完善法律制度，实现能力建设的健康发展

在现代市场经济和政党政治条件下，只有遵循民主政治法制化之路，才是从根本上推进政党执政能力建设和政府治理能力建设。

首先，是党的执政理念、执政方式、政治组织等党的执政能力要素的法制化。党组织应该严格遵照法律程序办事，在宪法和法律规定的范围内活动。要逐步改变目前党的政策和法律并存、政策高于法律的实然性状况，党要善于通过法律途径，依照法定程序将政策转变为国家法律；党要善于通过教育和宣传，将党的主张、建议和决策，转变为政府贯彻执行的自觉行动，并转化为具体的政治行为，从而实现对国家的领导；党要加强党自身建设，重点是加快党内民主进程，开辟一条党内民主走向社会民主之路。党要通过真正的党内民主制度安排，选举出各级各类国家公共权力的执掌者候选人，然后通过符合民主政治要求的程序交各级人民代表大会选举，从而合理合法地进入国家政权机构，如党内选举出来的书记和熟悉经济工作的常委，通过人大竞选政府领导职务，实行党政交叉任职等，建立党内民主制度与人民民主的国家制度的良性互动机制。①

其次，政府治理的合法性基础。政府治理的权威和秩序必须得到人民的广泛认可，政府治理的主体、内容和程序都必须在合法性范围之内，实质是规范和限制政府权力，变“全能政府”为“有限政府”。政府治理观念要法制化。政府要从过去强调“管制”向保障权利转变，把维护和保障权利作为法制的出发点和归宿，营造一个行政行为法治化与社会自治良性互动的社会环境，最终实现民主政治。

再次，建立对党政关系的法律监督体系。要突出宪法的权威。要将党政关系纳入宪法监督体制之中。一方面必须树立宪法至上的理念，加大宪法监督的力

① 张志明：《党政关系与党的执政方式前沿问题研究》，《中共石家庄市委党校学报》2004 年第 11 期。

度，建立违宪审查制度；另一方面必须将党政关系的调整和规范纳入宪法监督之中，以增强对党政关系监督的时效性。要实现党内监督制度与政府监督制度的互动。如党建立党内弹劾、罢免辞职制，政府相应地建立问责制度，以及不信任投票制、主要责任人引咎辞职制等，增强监督的效应与力度。三要实现群众监督的法制化。人民对政府行为的回应和对党执政方式方法的反馈应该法制化、程序化，要畅通公众有效针砭时弊的渠道，表达对执政党与政府的意见与建议。

总之，党的执政能力建设与政府治理能力建设良性互动是一个系统工程，需要拥有一个强有力的领导核心，需要优化配置行政资源，建立合乎民主政治原则的制度安排，最终才能实现党的科学执政、民主执政、依法执政，以及政府治理的现代化。

提升国家治理能力必须发挥党的领导核心作用

袁晓妹* 孙 旭*

中共十八届三中全会把完善和发展中国特色社会主义制度，推进国家治理体系和治理能力现代化作为全面深化改革的总目标。同时还明确提出："全面深化改革必须加强和改善党的领导，充分发挥党总览全局、协调各方的领导核心作用，建设学习型、服务型、创新型的马克思主义政党，提高党的领导水平和执政能力，确保改革取得成功。"① 从"国家管理"到"国家治理"是马克思主义理论与中国实践相结合的重要创新。这个重大创新的重要背景就是党总览全局、协调各方的领导核心作用，因此，要实现国家治理体系和国家治理能力的现代化就必须充分发挥党的领导核心作用。

一、发挥党的领导核心作用的必要性

中国共产党是为了适应无产阶级的需要而产生的，无产阶级不可能在资产阶级中壮大，只有通过无产阶级革命所确立的国家政权来实现。马克思指出："无产阶级在反对有产阶级联合力量的斗争中，只有把自身组织成为与有产阶级建立的一切旧政党不同的、相对立的政党，才能作为一个阶级来行动。为保证社会革命获得胜利和实现革命的最高目标——消灭阶级，无产阶级这样组织成为政党是必要的。"② 这就意味着，无产阶级建立起来的国家和社会如果离开了政党领导就失去了其应有的政治基础。邓小平指出："在中国这样的大国，要把几亿人口的思想和力量统一起来建设社会主义，没有一个由具有高度觉悟性、纪律性和自我牺牲精神的党员组成的能够真正代表和团结人民群众的党，没有这样一个党的统一领导，是不可能设想的，那就只会四分五裂，一事无成。这是全国各族人民

* 袁晓妹，孙旭：江苏南通市委党校讲师。

① 《人民日报》，2013 年 11 月 13 日 01 版。

② 《马克思恩格斯选集》第 2 卷，人民出版社 1995 年版，第 611 页。

在长期的奋斗实践中深刻认识到的真理。我们人民的团结，社会的安定，民主的发展，国家的统一，都要靠党的领导。坚持四项基本原则的核心，就是坚持党的领导。”① 因此，中国共产党是中国社会主义事业的领导核心，要把我国建设成为富强、民主、文明、和谐的社会主义现代化国家，必须加强党的领导，充分发挥党的核心领导作用。

中国社会已经进入全面建成小康社会时期，社会全面的深刻变革对党的生存和发展提出全面挑战，具体涉及党领导推进改革的能力，党的组织能力，总览全局、协调各方能力，自我革新、自我批判能力以及党的整合能力等。在新的历史时期，执政党不仅要应对社会发展对党建本身提出的全面挑战，而且要应对不断变化的国家、社会和民众生活形态，提高党适应和驾驭新的经济和社会生活格局发展的能力，使党在新的社会变革潮流中依然具有强大的领导力，从而有效地实现其领导核心作用。同样，面对新情况、新问题，各级党组织要勇于领导，坚定而自信地担负起同级各种组织、各方面工作的领导责任，顽强而有力地领导改革中各方面的工作，不能有丝毫的软弱和怯懦。这是执政党的地位所决定的，是国家的社会主义制度所决定的，是宪法赋予党的权力。对这个领导责任，要敢于担当，奋勇前进。我们只有达到这样的认识高度，才有可能在实际上肩负起党的领导责任，坚定正确的社会主义道路，正如邓小平同志强调：“我们的改革不能离开社会主义道路，不能没有共产党的领导，这两点是相互联系的，是一个问题。没有共产党的领导，就没有社会主义道路。”② 所以，改革开放越是深入发展，经济工作和各项事业越是繁忙，越是要加强和改进党的领导，越是要充分发挥党的领导核心作用，切实做好改革转型的组织者和领导者。一句话，全面深化改革必须发挥党的领导核心作用，这是历史的选择。

二、发挥党的领导核心作用是时代改革发展的要求

邓小平认为贫穷不是社会主义，真正的社会主义就是要让人民生活富裕起来，只有进行改革开放才能发展生产力，促使人民生活富裕起来。那么，要确保改革开放能够顺利推进，就必须在中国共产党的领导下，通过政治稳定来实现改革开放与发展生产力，实现社会主义的根本目标。我国宪法确定的“四项基本原则”中最关键的一条就是坚持中国共产党的领导。在全面深化改革时期，不仅要

① 《邓小平文选》(第 2 卷)，人民出版社 1994 年版，第 341—342 页。
② 《邓小平文选》(第 3 卷)，人民出版社 1993 年版，第 242 页。

加强和改善党的领导，还必须发挥党的领导核心作用，因为这是改革自身发展的需求、党内面临诸多风险和挑战的诉求、实现“两个百年”目标的要求。

（一）改革自身发展的需求

从十一届三中全会的提出到十八届三中全会之前，我国的改革主要围绕经济领域的工作而开展。经济是历届三中全会改革的重点。然而随着经济的飞速发展，人们生活水平的逐步提高，人们显然在享受充裕的物质生活的同时也更多地关切社会其他领域的生活，这就对改革的进一步发展提出了新的要求。此外，在世界范围内，执政党与在野党在不同时期、不同社会群体和阶层中起着不同的作用，但是，执政党始终在整个社会与国家权力体系中起着领导核心作用，中国执政党亦是如此。在以往的改革进程中，党的建设只是作为改革的参与主体之一，未被提升到核心领导的地位。换言之，在全面深化改革之前，党在改革中的领导核心作用并没有得到突出的彰显，而改革领导工作是由多个部分组成的一个综合部门执行和管理。譬如改革初期，国家体改委是负责统领改革全局的机构，主要职能是理论创新，设计总体方案，协调各方利益，组织试点等。据统计，国家体改委曾主导了多项至关重要的改革：譬如提出“商品经济”，推进国有企业股份制改革，金融制度、城镇职工养老保险制度、城镇住房制度、投融资制度、土地制度等。到1998年我国进行机构改革，国家体改委退出国务院组成部门序列，2003年3月并入国家发改委。随着改革的不断深入和全面化，利益越发多元化，社会矛盾全面凸显，进而各项改革举措之间的关联性、交集性要求非常高。任何一个领域的改革都会牵动其他领域，同时也需要其他领域密切配合。如果各领域改革不配合，各方面改革措施之间互相牵扯，甚至互相抵触，改革就很难推进下去，即使勉强推进，效果也会打折扣。然而国家发改委主要推动的是经济体制改革，难以协调社会各方面的利益需求等问题。事实上，全面深化改革是一个系统复杂的过程，与以往改革的单一性、相对容易、浮在表层、摸着石头等特征有所不同，当前的改革更多地表现出全面综合、艰巨复杂、攻坚深化、顶层设计等特征，然而原有负责改革的机构已不能胜任当前改革形势需求，必须有一个具有权威性和科学性的机构统一领导，这个领导小组的任务就是总体设计、统筹协调、整体推进、督促落实。为了加强对改革全面的可控制能力，建立改革的主心骨与主导力量，确保全面深化改革的成功，所以十八届三中全会在《决定》中提出了全面深化改革必须加强和改善党的领导，充分发挥党总览全局、协调各方的领导核心作用，进一步确定了党在全面深化改革主体中的领导核心地位。这次中央决定成立全面深化改革领导小组，通过加强党的领导，发挥党协调各方核心作用，负责改革总体设计统筹规划，整体推进来督促落实，这是改革自身发展必然需求，也是必经之路。

(二) 党内面临诸多风险和挑战的诉求

当今中国社会取得的瞩目成就是党有效领导中国社会发展的结果，与此同时，不断前进的社会给党在新的历史条件下如何进一步有效地发挥党的领导核心作用又提出了新的挑战。当前，我们党面临对外发展经济利益、维护国家主权、安全，对内维护政治安全和社会稳定的双重压力，各种可以预见和难以预见的风险因素明显增多。习总书记明确指出："全面建成小康社会的决定性阶段，我们党肩负着光荣而伟大的使命，也面临着诸多风险和挑战，但是，这种风险和挑战有来自国内的、来自国际，但最根本的来自党内。"[①] 国际国内的各种挑战表明，加强党对中国特色社会主义的集中统一领导，已是当务之急。而我们党内当前存在一些问题已在一定程度上影响了全面深化改革的进程，威胁到党的执政地位，譬如党内的精神懈怠危险、能力不足危险、脱离群众的危险、消极腐败的危险，这些风险和挑战的消解必然需要党要管党、从严治党，加强党的自身建设。全面深化改革是当前我们党面临的重大任务，能不能解决好改革中的问题，是对我们党执政水平和执政能力的考验。中央设立改革核心领导小组，在党中央领导下针对中国特色社会主义制度等领域事关经济建设、社会稳定的问题及时采取应对措施，不仅对保证全面深化改革的正确方向意义重大，而且对成功应对党内诸多风险和挑战，提高党的执政能力，加强党自身建设也有重要作用。这体现了我们党的高瞻远瞩和深谋远虑，体现了我们党与时俱进、自我革新的实践诉求。

(三) 实现"两个百年"目标的要求

习近平在第十八届中央纪律委员会第二次全体会议上指出，实现党的十八大确定的各项目标任务，实现"两个一百年"目标，实现中华民族伟大复兴的"中国梦"必须把我们党建设好。实现"两个一百年"目标，不仅是十八大确定的目标也是全面深化改革的价值旨归，如何确保"两个百年"目标的顺利实现，党的建设是关键。全面建成小康社会和实现中华民族的伟大复兴是关系党和国家事业发展全局的重大战略部署，不是某个领域某个方面的单项改革，而是"五位一体"的全方位展开，其广泛性和深刻性前所未有。随着改革的全面开展和深入挺

① 《光明日报》2013年7月26日，第1版。

进，各种各样的“改革声音”、形形色色的“改革药方”和层出不穷的“改革诉求”从四面八方纷至沓来，改革的复杂度和参与度也是前所未有，在这种情况下，如何确保改革稳定有序、积极有效地实现“两个百年”的目标，这就急需一个强劲而有力的领导机构，凝聚各方力量、协调各种利益、畅通上下诉求，为“两个百年”目标的实现确定正确的方向和坚定的发展道路。中央成立全面深化改革领导小组作为改革的最高领导机构，而且各级党委也要担起对改革的领导责任，这已明确体现出中央政府权力的集中，统筹功能的加强。这个机构的设立，为全面推进改革提供制度和组织保障，十五个领域改革详细方案的制定，以及贯彻、落实、监督等，都要靠这个机构领导。显然，此次改革领导小组的领导不仅层级更高、协调面更宽，而且由其进行“顶层设计”更具权威性、科学性，基于中国正处于转型的关键阶段，需要运用更有效率的“看得见的手”，去推动改革进程，发挥集权统筹功能，保证中央全面深化改革的各种政策、措施能够自上而下得到贯彻实施，从而真正打破部门地方保护壁垒、突破部门地方利益格局和进一步形成公平有效的发展环境，这是全面深化改革，实现“两个百年”目标的根本要求。

三、充分发挥中国共产党领导核心作用，提升国家治理能力

中国共产党是中国特色社会主义建设的领导核心。改革开放经过30多年的努力，我国已经基本形成推进改革开放的动力系统，而在这个动力系统中党处在领导核心地位，发挥着关键性的作用。根据中共十八届三中全会《公报》中提出，中央全面深化改革领导小组的主要职责就是总体设计、统筹协调、整体推进、督促落实，实际上，这四个方面已经全面而准确地诠释了党在全面深化改革中的核心作用。如何充分发挥这些作用，本文认为可以从以下几个方面做出切实的努力。

（一）深入学习贯彻达成共识，进而形成改革合力

《决定》指出：“全党同志要把思想和行动统一到中央关于全面深化改革重大决策部署上来，正确处理中央和地方、全局和局部、当前和长远的关系、正确对待利益格局调整，充分发扬党内民主，坚决维护中央权威，保证政令畅通，坚定不移实现中央改革决策部署。”当务之急，一方面各级党组织要组织广大党员干部深入学习贯彻党的十八届三中全会精神，勤学善学、融会贯通，推动全党同志把思想和行动统一到中央关于全面深化改革重大决策部署上来，全党上下形成心往一处想，劲往一处使的合力。另一方面要正确对待集体和个人的利益，放眼于未来，正确处理中央和地方、全局和局部、当前和长远的关系，不搞团体保护主

义和地方保护主义，正确对待利益格局调整，充分发扬党内民主，多听取不同意见，对有利于全面深化改革的建议要积极采纳，对违反改革要求的行为要进行强力制约，坚决维护中央权威，保证政令畅通，抵制形式主义、官僚主义的作风，坚定不移实现中央改革决策部署。

（二）加强干部的培养和管理，提供强大的组织支撑和人才保障

十八届三中全会为全面深化改革制定了清晰的路线和蓝图，路线的执行和蓝图的描绘还要依靠人才能最终完成，其中干部是关键。中国共产党是一个先进的政党，要引导党员干部起到身先士卒、模范带头的作用，用自己的模范行为和高尚人格带动全社会参与到全面深化改革的建设中来。加强和改善党的领导，首先就要坚持党管干部，把从严管理干部贯彻落实到干部队伍建设全过程，进一步深化干部人事制度改革，构建有效管用、简便易行的选人用人机制，使各方面优秀干部充分涌现，避免权力过度集中而造成“一言堂”、“一票否决”等现象的产生，为实现改革宏伟蓝图提供一支信念坚定、敢于担当、能打硬仗的高素质干部队伍；此外还要打破体制壁垒，扫除身份障碍，倡导民主推荐、民主测评，促使干部工作公开，完善人才评价机制，增强人才政策开放度，培养选拔年轻干部，优化干部队伍年龄结构，让人人都有成长成才、脱颖而出的通道，让各类人才都有施展才华的广阔天地。

（三）坚持党的群众路线，充分发挥人民的主体性

马克思在一百多年前就论证了人民是历史的剧作者，又是剧中人。历史的发展离不开人的发展，任何一部历史都是关于人的历史。当前，我国“两个百年”的宏伟目标需要人民群众广泛参与才能实现，同样全面深化改革也离不开人民群众的共同努力。加强和改善党的核心领导，确保改革的成功，党员干部首先要起到带头模范的作用，努力工作带动身边的群众，充分发挥人民群众的积极性、创造性，让群众跟着党和政府攻克改革中的难关，这可能是我们最终赢得全面深化改革预期目标，能够取得成功的根本所在，如果光靠我们自己做，改革恐怕很难达到目标。所以只有坚持从群众中来、到群众中去，向群众学习，向实践学习，才能保持党与人民群众的血肉联系，充分发挥人民群众的积极性、主动性、创造性。要积极建立社会参与机制，齐心协力推进改革。要通过及时总结经验，不断加强宣传和舆论引导，将党的政策渗透到经济建设、政治建设、文化建设、社会建设和生态文明建设中，渗透到人们的日常生活、礼节礼仪、民俗活动之中，促使人民大众形成巨大的凝聚力和前所未有的创造力，这才是把群众路线教育实践

活动真正落到实处，从而赢得广大群众的信任和拥护，为全面深化改革营造良好社会环境。同时要鼓励地方、基层和群众大胆探索，及时总结经验，把经验提升为理论，再反过来指导改革。总之，坚持党的群众路线，充分发挥人民的主体性，形成自上而下的顶层设计，自下而上的局部试点相结合是推动全面深化改革的重要力量。

（四）发扬“钉钉子”精神，坚决将改革进行到底

《决定》指出：“各级党委要切实履行对改革的领导责任，完善科学民主决策机制，以重大问题为导向，把各项改革举措落到实处。加强各级领导班子建设，完善干部教育培训和实践锻炼制度，不断提高领导班子和领导干部推动改革能力。创新基层党建工作，健全党的基层组织体系，充分发挥基层党组织的战斗堡垒作用，引导广大党员积极投身改革事业，发扬‘钉钉子’精神，抓铁有痕、踏石留印，为全面深化改革作出积极贡献。”习近平曾在亚太经合组织工商领导人峰会上谈到中国的改革时讲道：“中国是一个大国，决不能在根本性问题上出现颠覆性错误，一旦出现就无法挽回、无法弥补。”[①] 由于中国的改革已进入攻坚期和深水区，涉及重大利益关系调整，涉及各方面体制机制完善，如果此次改革能够顺利彻底的完成，中国将进入到一个崭新时代，反之，后果将不堪设想，所以中国的改革必须具有彻底性，决不能瞻前顾后、畏缩不前、半途而废，只能勇往直前、发扬“钉钉子”精神，将改革进行到底，也只有彻底的改革，才能让群众享受到改革的成果，得到老百姓的认可，坚定群众对党和国家事业的信心和拥护。与此同时，坚决将改革进行到底，还必须扎实做好抓基层、打基础的工作，使每个基层党组织都成为坚强的战斗堡垒，只有坚实牢固的基础，党的整体才有强大的战斗力。发扬“钉钉子”精神承载着全面深化改革所内具的深刻批判性，这种批判指向并非某个观念而是一种倾向，即把改革目标理论当作是现成的教条工具，把改革仅仅理解为局限在口头宣传或偏向学术化，文件化的表达形式上，忽略或无视抓铁有痕、踏石留印的实干精神。改革要深入人心不是把脱离现实的僵化理论生搬硬套地灌输到人民群众的头脑中，而是通过真抓实干来吸引人、感染人和鼓舞人。发扬“钉钉子”精神，坚决将改革进行到底，破解了将全面深化改革目标理论化的取向，消除了理论脱离实践的错误逻辑路向，进而，不仅体现了党作为全面深化改革领导核心在攻坚克难时期的勇气和决心，还彰显了党加强

---

① 习近平：《在亚太经合组织工商领导人峰会上的演讲》，《习近平总书记系列讲话专题选编》，中共江苏省委党校 2013 年版，第 81 页。

自身建设的恒心和魄力。

事实上，国家治理是对国家管理的升级，是公共权力向社会回归的表现，它的基本特征就是主体的多元化、治理模式的多样性和社会参与的广泛性。国家治理是一种公共管理活动和公共管理过程，它需要一种政治权威来保障国家与市场的有效对接，有效地对国家干预和市场无序进行协调和补充。所以，加强党的核心领导是提升国家治理能力的重要基础，这是确保国家治理体系现代化的必要前提。

推进国家治理现代化必须坚持群众性 走群众路线

黄晓雪*

十八届三中全会《决定》提出：“全面深化改革的总目标是完善和发展中国特色社会主义制度，推进国家治理体系和治理能力现代化。”这一总目标是继四个现代化之后提出的又一个战略目标，是邓小平同志战略思想的继承和发展，是实现社会主义现代化的应有之义。全面深化改革、推进国家治理现代化是党和政府工作重心所在，更是全国人民热切期盼和共同利益所在，其主体是人民群众，只有充分依靠广大人民群众，才能确保这一总目标早日实现。

一、坚持群众性，走群众路线是马克思主义群众观中国化的具体体现

马克思主义认为，人民群众是社会物质财富和精神财富的创造者，是社会变革的决定力量，是实践和认识的主体，是创造历史的动力。群众观点是马克思主义根本立场的集中体现，是马克思主义理论体系的重要构成，是马克思主义政党的核心理念。毛泽东思想中的群众属性主要反映于其领导思想和执政理念中，包括人民是不可战胜的力量、是历史的主人和创造者，农民是拯救中国的最大力量，农村包围城市思想，“星星之火，可以燎原”，唤起群众、发动群众、壮大群众，武装人民，要相信依靠群众、向群众负责等思想和理论。邓小平理论中具有广泛而深刻的人民群众属性，既体现于改革开放和现代化建设的总体设计，又体现于政策的制定、执行、调整和实践等诸多环节。新中国成立后，在一次会见国际青年代表团时，他明确指出：“中国共产党的含义或任务，如果用概括的语言来说，只有两句话：全心全意为人民服务，一切以人民的利益作为每一个党员的最高准绳。”

---

* 黄晓雪：河北行政学院社会和文化教研部讲师。

党的十八大报告中“人民”一词高频出现，体现了党对人民观传统的沿袭和对以人为本、执政为民理念的延伸。习近平总书记在新一届中央政治局常委同中外记者见面会上表示：“人民对美好生活的向往，就是我们的奋斗目标”，“我们一定要始终与人民心心相印、与人民同甘共苦、与人民团结奋斗，夙夜在公，勤勉工作，努力向历史、向人民交一份合格的答卷”。2012 年 11 月，习近平总书记提出中国梦的目标，并在第十二届全国人民代表大会第一次会议上指出“中国梦归根到底是人民的梦，必须紧紧依靠人民来实现，必须不断为人民造福”。一系列论述深刻而清晰地回答了国家治理“为了谁”和“依靠谁”的根本路线问题。

纵观近代中华民族的救亡运动，失败的主要原因大多在于发动者、参与者以及运动所维护的利益整体都仅仅局限于某些社会集团，并不是全民族的反帝运动。正是因为缺乏广泛的群众性，导致了这些狭隘社会运动的最终失败。

与偏离群众性带来惨痛教训形成鲜明对比的是中国共产党领导的坚持群众性的无产阶级救国运动。中国共产党为保卫民族、抵抗侵略，经历了长征、游击战争、抗联等艰苦卓绝的阶段。战局紧张，条件极差，是人民群众鼎力支持和舍命相助才使党挺过了最为困难的岁月并取得了抗日战争的胜利。随后，党领导人民群众进行土地改革，党群关系更加紧密，在人民群众的拥护爱戴和积极参与下，党和军队迅速发展壮大。解放军在党的领导和人民群众的支持下，最终推翻了国民党政权，推翻了“三座大山”对中国的统治。1947 年，毛泽东起草了《中国人民解放军总部关于重行颁布三大纪律八项注意的训令》，将党和群众、军队和人民的关系拴得更加牢固。在这个过程中，从建党之初群众路线思想开始萌芽，到 1929 年群众路线概念明确提出，再到经历抗战前后的丰富完善，直至 1942 年群众路线理论形成、确立，革命事业深深扎根于人民之中，始终坚持一切为了群众、一切依靠群众的群众路线，得到了人民群众的真心拥护和爱戴。党的革命事业正是凭借坚持群众属性，才在历尽诸多艰险、克服重重困难后，最终取得了伟大胜利。

新中国成立后，群众性渗透于党带领全国人民发展生产力、建设新中国的事业。现代化建设特别是改革开放以来取得的伟大成就告诉我们，党只有始终坚持走群众路线、紧紧依靠群众，社会主义事业才能够健康发展，才能取得举世瞩目的成就；“大跃进”、“文化大革命”时期脱离群众、脱离实际的错误给国民经济造成的重大损失也提醒着我们，偏离群众性就会出问题，党只有始终站在群众角度想问题、办事情，始终维护好群众利益、发展好群众事业，才能赢得真心拥护和广泛支持，国家才能够长治久安。

二、坚持群众性，走群众路线是推进国家治理现代化的现实需要

十六届六中全会指出，“我国已进入改革发展的关键时期，经济体制深刻变革，社会结构深刻变动，利益格局深刻调整，思想观念深刻变化”，这一基本判断对我国现状进行了深刻清晰的描述。我国正处于农业社会向工业社会、传统社会向现代社会的转型期，也是计划经济体制向市场经济体制的转型期。与改革转型相伴生，我国经济社会发展显现出涉及社会流动、城市重建、财富增长与分配、人类与环境关系等诸多领域的问题，急剧增加了社会对社会治理和公共管理服务的需求。政府部门仍然一家独大、以一己之力和有限资源进行治理的模式，已然难以提供充足、高质、高效的管理和服务，供需矛盾突出。国家治理体系和能力面临严峻挑战，需要不断优化现代化治理理念、模式、体制格局和能力，缓解社会治理和公共服务的供需矛盾。这种矛盾呼唤着政府以外广大的群众力量和社会资源参与国家治理。

国家治理体系和治理能力是一个国家制度和制度执行能力的集中体现。国家治理体系是各领域体制机制、法律法规安排，也就是一整套紧密相连、相互协调的国家制度；国家治理能力则是运用国家制度管理社会各方面事务的能力。国家治理体系和治理能力是一个有机整体，相辅相成，有了好的国家治理体系才能提高治理能力，提高国家治理能力才能充分发挥国家治理体系的效能。国家治理体系和治理能力现代化的主要标志可以从两个层面进行衡量。一是从治理外在效果或最终结果来衡量，是具有终极意义的标准，主要包括政局平稳国家安全、经济健康环境美好、文化先进心态积极、公平公正社会稳定、应对有效危机良治、清正廉明风清气正等指标。二是从治理体系及其运行的内在特征上来衡量，是评价治理体系和治理能力自身优劣的标准，主要包括治理民主、结构合理、责权分散、制度健全、方式法治、参与普遍、手段先进等指标。从这些标准来看，我国的国家治理体系和治理能力总体上是好的，是适应中国特色社会主义发展和市场经济发展要求的，也是与人类现代治理文明精神相符合的。但是，与人民的期盼相比，与国际竞争的需要相比，国家治理的体系和能力均还存在诸多不足与需要继续改进提高的方面。群众性体现的不够，群众参与不足是其中重要原因之一，特别是群众路线贯彻落实得不好是制度执行能力弱的一个主要原因。

从治理体系来看，一方面，由于对社会力量和广大公众参与国家治理的制度保障和行为规范尚存一定的体制机制或政策障碍，致使社会参与的广度和深度受到局限，群众、社会组织虽有意愿、有热情、有能力参与国家治理，党和政府也迫切需要社会主体贡献智慧和力量，但是现实中却存在着参与的形式途径和领域有限、广度深度不足、实际效果欠佳，社会组织作用空间狭小、发育受阻而迟缓，没能承担起必要的治理责任，重要主体作用难以充分发挥等现象；另一方面，社会力量和公众参与不够又是直接妨碍全面深化改革、推进国家治理现代化的重要制约因素。一些制度不健全、有缺陷，正是由于在制度形成过程中没有凝聚广大人民群众的智慧；一些政策不切实际，正是因为在制定政策的过程中没有广泛征求群众意见，过多依赖所谓的“有关部门”协商会签；一些决策出现失误，也正是因为在决策过程中没有很好地发挥社会智库组织及广大专家的作用，缺乏深入基层、深入群众的调研。

从治理能力来看，一些党员、干部没能顺利适应新形势、新环境和新要求，没能经得起新任务的考验，理想信念不牢，世界观、人生观、价值观偏差，出现形式主义、官僚主义、享乐主义和奢靡之风等脱离群众的现象，以人为本、执政为民的理念弱化，关心群众、为民谋利的工作不足。这些虽为局部现象，不能据此以偏概全、否认主流，但违背了群众性，偏离了群众路线，损害了党的形象，削弱了党的威信，影响了党群干群关系，伤害了群众情感和对党的信任。如果不及时补上共产党人精神之“钙”，不及时改进作风、纠正脱离群众的问题，将严重挫伤群众全面深化改革的积极性和创造性，制约国家治理的水平和能力，甚至我们的执政者被群众抛弃，带来亡党亡国的危险。党中央深刻认识到存在的脱离群众的问题和脱离群众的危害，多次强调要时刻预防和警惕“脱离群众”等四大危险。

党的十八届三中全会明确指出必须“坚持以人为本，尊重人民主体地位，发挥群众首创精神，紧紧依靠人民推动改革，促进人的全面发展”，“发展社会主义民主政治，必须以保证人民当家做主为根本”。群众性成为国家治理现代化的本质属性，既符合人类文明的基本精神，又是马克思主义群众观点在国家治理中的具体运用，更是社会主义民主政治的根本要求。群众性还决定了党领导和依法推进国家治理现代化的方向是以人民群众根本利益为出发点和最终目的，也规定了推进国家治理现代化必须坚持走为了群众、依靠群众的群众路线。显然，只有抓住坚持群众性这个根本，实实在在地走“一切为了群众，一切依靠群众”的群众路线，我国全面深化改革、推进国家治理体系和治理能力现代化的步伐才能更加坚定。

三、依靠群众，多元参与是推进国家治理现代化的根本路径

我国国家治理所具有的群众性决定了国家治理现代化应该是依靠群众、多元共治的治理结构，即在党委领导和政府主导下，市场、社会和广大公众多元主体各司其职，各有其权、各负其责，政府治理和社会自我调节、居民自治良性互动的共同治理格局。

（一）促进社会组织在国家治理中发挥更大作用

随着政府进一步转变职能和下放权力，社会组织作为现代化多元共治格局中的重要主体，应该在政社分开的基础上，明确责权、发挥优势，及时“补位”、承接政府转移出的管理服务职能，在国家治理的更多领域、更大空间发挥更大作用，与其他治理主体合力为公众提供更加充足和优质的公共产品和服务。政府一方面为社会组织特别是行业协会（商会类、科技类、公益慈善类、城乡社区服务类社会组织）的发展创造充分条件和更多机会，提供必要的政策和资源支持；另一方面加强监管，引导社会组织依法开展活动，促进其规范、有序运行。

（二）动员广大公众积极依法有序参与国家治理

坚持群众属性，就是要强化人民群众当家做主的意识，调动其共同治理国家的积极性、主动性，通过广泛、常态和有效的公众参与，充分发挥群众的智慧和创造力。一是畅通民意表达渠道。畅通和拓展更多公众诉求建议表达渠道，及时了解群众所思所想，及时发现群众困难问题，及时汲取群众智慧建议，以“为了群众”为目标优化治理能力。二是开通诉求回馈途径。建立对民意表达的回馈途径，形成双向沟通，对群众迫切诉求和合理建议予以充分考虑和及时回应，为维护群众合法权益建立起基础联系。三是丰富公众参与形式。在落实好各项既有制度规范的基础上，创新“依靠群众”的更多具体而直接的参与形式，搭建便民参与平台，特别是在调研、决策、执行等重要环节体现群众性，使人民群众广泛、充分地参与到现代化国家治理中。四是提高信息公开程度。通过信息公开使群众参与治理的工作进展和成效更加清晰地呈现在公众面前，为更广泛的公众参与发挥示范带动作用，也为群众监督打下基础。五是规范公众参与行为。健全公众参与制度，对参与方式、途径、范围等关键内容进行原则性规范，既防止公众参与流于形式、走过场，又防止过度参与影响正常治理秩序，确保公众参与到位、恰

当和必要并真正落到实处、取得实效。

（三）鼓励基层社会发挥自治功能

首先，做好群众工作，发挥社会自我调节功能。基层社会稳定是全社会稳定的基础，居民村民的家庭和谐是全社会和谐的基石。做好基层社会的群众工作，夯实基层自治的群众基础，能够促进社会自我调节。从容易产生问题的“源头”入手，做好宣传教育，加强思想道德建设，倡导高尚的社会公德、家庭美德和个人品德；做好心理疏导，平和居民村民心态，营造理性宽松的基层社会环境；规范社会行为，保持健康的公共秩序，促进形成积极向上的社会氛围。其次，健全基层组织，提高基层社会自治水平。与政府简政放权相呼应，基层自治应该不断健全组织，提高自治水平。要突出主体地位，鼓励和引导群众在城乡社区治理、基层公共事务和公益事业中依法自我管理、自我服务、自我教育、自我监督；发展基层民主，完善现有基层议事和民主协商机制，促进基层民主的制度化推向深入，显现实效；改进自治方式，不断优化网格化管理、社会化服务等基层管理成功经验，使之融入基层自治的常态化工作，依靠群众力量，降低治理成本，优化治理效能。

（四）加强作风建设提升治理能力

提高国家治理能力必须把加强作风建设放到突出位置，通过党员干部改进作风、规范行为、提高效率等自身改造提升，打动群众、接近群众、密切联系群众，激发群众参与国家治理的热情和创造力，使之在全面深化改革和现代化国家治理中积极奉献和创造，营造多元共治浓厚氛围，整合多元共治正能量，打造多元共治新局面。2012 年 12 月，中共中央政治局做出了《八项规定》和《六条禁令》；2013 年 4 月，中央政治局会议决定在全党深入开展以为民务实清廉为主要内容的党的群众路线教育实践活动，解决作风不实不正不廉问题，坚决反对形式主义、官僚主义、享乐主义和奢靡之风，保持党的先进性和纯洁性。此后，全党上下切实改进工作作风，强化密切联系群众，大兴求真务实之风，加大反腐力度，坚持“老虎”“苍蝇”一起打，党风政风以及党员领导干部作风明显转变，反腐倡廉效果显著。这一切让群众感受到了党和人民群众一道实现中华民族伟大复兴中国梦的光明前景，得到了广大人民群众的拥护和支持。这才是让一切劳动、知识、技术、管理、资本的活力竞相迸发，让一切创造社会财富的源泉充分涌流，进而全面深化改革，推进国家治理现代化最坚实的保证。

参考文献：

[1]《中共中央关于全面深化改革若干重大问题的决定》，人民出版社 2013 年版。

[2]《〈中共中央关于全面深化改革若干重大问题的决定〉辅导读本》，人民出版社 2013 年版。

[3]《“中国梦”学习读本》，国家行政学院出版社 2013 年版。

政府购买公共服务：问题评析及创新路径

孙晓莉*

所谓政府购买公共服务，是在进一步转变政府职能和建设服务型政府，提高公共服务的质量和效率而发展起来的一种利用市场化和社会化手段来提供公共服务的模式。这些年来，中国政府购买公共服务已经取得不小成绩。但实践中还有一些关键性政策需要进一步厘清和规范，如政府购买公共服务的范围、购买公共服务的程序以及后续的公共服务质量评估和监管，分别涉及事前、事中和事后三个环节。需要我们在了解西方主要发达国家政府购买公共服务的基础上，针对性地研究中国政府购买公共服务过程中存在的一些问题，并进而提出解决问题的对策。

一、西方国家政府购买公共服务的理论溯源和实践探索

英美等主要发达国家从20世纪70年代末80年代初开始了具有一定规模的政府购买公共服务的实践，这种实践是伴随着政府改革运动出现的，是新形势和新理论推动的结果。

人们对于这一实践的重视主要来源于两方面的因素考量：一是出于对市场效率的信任。从现实中看，各国普遍面临着随着政府职能不断增加的大趋势而出现的政府规模不断膨胀和财政支出不断加大的压力。来自经济学家、社会学家等对“政府失灵”的批评，提出了寻找新的公共服务供给体制的必要性；文森特·奥斯特罗姆、E. S. 萨瓦斯等学者区分了公共服务的提供与生产两个概念，指出传统认识中只能由政府提供的公共服务，也可以由私人部门生产，从而为革新公共服务的供给方式提供了理论支持。正是这种对“政府失灵”的担忧、防止“政府垄断”的动机以及对市场效率的信任，促使学者们将政府购买公共服务确立为一

---

* 孙晓莉：国家行政学院政治学教研部副主任，教授。

种重要的公共服务供给机制。新公共管理理论、新公共服务理论、多中心治理理论等为政府购买公共服务提供了理论上的铺垫和论证。二是随着经济和社会的发展，在一定程度上减少了人们对政府的依赖，社会自我提供服务的途径越来越多，而这促使政府和社会更多采用合作的方式提供公共服务。更为重要的是，与多中心治理和公私合作所包含的其他制度安排相比，政府购买公共服务具有显著的"意识形态优越性"①。所以，尽管有不少学者通过实证的研究指出，政府购买公共服务的实践并没有完全遵循其倡导者所执信的"竞争"路线，相反，在缺乏竞争的购买服务中，还有可能存在着机会主义、低效、供应商垄断等种种风险；但是并没有影响这一制度安排仍然在实践中迅速发展。

政府购买公共服务在实践中到底可以产生什么样的结果或影响？从已有的制度设计预期和实践结果来看，主要影响体现在两个层面：

第一个层面，是对公共服务本身的影响。面对一直以来的公共服务效率和公平之间的两难，政府通过购买公共服务的实践试图给出一个答案。如英国通过强制实行非垄断化的方式来实现公共部门的改革。非垄断化主要针对的是私有化后的公共部门，为了防止或公或私的垄断，加强竞争，英国政府对私有化后的公共部门的股份持有比例做出了明确规定。例如，政府规定电力公司私有化后5年内单个持股者不得拥有15％以上的股份。对于成本巨大和风险较高的基础设施建设领域，为使潜在竞争者能够顺利进入市场并展开有效竞争，英国政府还以立法的形式要求在指定的领域必须实行公共部门与私营部门的公开竞标或合同出租。再如，澳大利亚20世纪80年代以来在公共就业服务方面进行了改革，将原隶属于就业、教育、培训和青年事务部的全国400余家公共就业服务机构全部民营化，组建成了全国就业服务有限公司，并把原先属于公务员性质的9 000余名工作人员也全部转入劳动力市场，根据公司需要和个人意愿，实行双向选择。公司实行董事会负责制，在承揽业务方面，和其他民间就业服务机构享有同等的条件和地位。澳大利亚政府有关部门的研究表明，与旧体制相比，新体制充分体现了社会化和市场化在就业服务中的作用，改变了政府职能，节省了行政经费，提高了工作效率，提高了长期失业人员和其他弱势群体失业者的再就业率。

第二个层面，是对具体的公共服务之外的影响，即推动政府职能更多地向创造环境和平台方向的转化，并通过政府职能的外化来推动政府规模的缩小。英国

① 周俊：《政府购买公共服务的风险及其防范》，《中国行政管理》2010年第6期。

的卡梅伦政府2010年起提出“大社会”计划，试图培养和支持一种新的以志愿服务为宗旨的公共服务文化，摆脱浪费资金、破坏社会风气的官僚作风，进一步加强社区在公共服务中的角色。在该计划内，公民参与的管理体系得以建立，地方社区被赋予更大的权力。除了贫困、环保、弱势群体扶持等传统的慈善领域外，还覆盖到了社会治安、医疗卫生、教育、关怀、文化遗产保护及城镇规划与重建等原本由政府主导的领域。[①]英国政府拿出10亿英镑培育社会组织和社会型企业，承担政府裁减机构后存在的公共服务空缺，公共服务的提供渠道得到拓宽。同时政府通过授权和分解责任，对人员实行聘任制或合同制，用市场的办法来解决行政问题，政府相应承担的职能减少，管理成本大大降低，政府职能完成转型。

二、我国政府购买公共服务实践中的困惑

尽管我国的学术界目前对政府购买公共服务的内容等还有不同看法，但最近十多年来，中国政府购买公共服务经历了从无到有、从东部沿海发达地区逐渐向中西部地区拓展的历史过程。最初的购买公共服务主要集中在居家养老、环境卫生、青少年事务、农民工培训等狭窄领域，后来逐渐发展到社区建设、人口计生、社会福利与救助、残障康复、社会矫正、禁毒、婚姻家庭等社会领域。

总的来看，我国政府购买公共服务近年来已经取得了较大发展，但由于实施购买公共服务制度的时间较短，在政府购买公共服务的实践中仍然存在一些基础性问题需要认真研究和规划。

（一）政府购买公共服务的范围：买什么，不买什么？

界定清楚“公共服务”的范畴是厘清政府购买公共服务范围的前提。有的学者认为，一般来说，政府购买的服务可以分为两大类：一是政府机构及其工作人员自身消费的服务；二是政府机构及其工作人员为社会所提供的服务。前者属于政府内部的服务，服务对象是政府机构和政府官员自身；后者属于公共服务，服务对象是除政府以外的其他社会机构和公众。[②]也有的学者认为，政府机构及其

① 唐密、洪光豫：《英国的政府购买公共服务机制》，《杭州日报》2013年8月2日。

② 徐家良、赵挺：《政府购买公共服务的现实困境与路径创新：上海的实践》，《中国行政管理》2013年第8期。

工作人员自身消费的服务，不能算是严格意义上的政府购买公共服务。[①]实际上这两种观点之间并没有本质矛盾，前一观点已经说明第一类的属于行政服务，而第二类的才属于公共服务。

笔者赞同这样的观点，即应该将政府购买行政服务与政府公共服务分开。在本文中，将公共服务理解为面向社会公众的，以提高社会总福利为目的的服务，为社会公众参与社会经济、政治、文化活动等所提供的保障服务，包括教育、医疗卫生、科技文化、社会保障、公共就业、环境保护、公共安全、城乡基础设施建设等。政府购买公共服务指的是政府通过公开招标、定向委托、邀标等形式将原本由自身承担的公共服务，转交给社会组织、企事业单位提供，以提高公共服务供给的质量和财政资金的使用效率为目的，以期改善社会治理结构，满足公众的多元化、个性化需求。

目前，我国政府向社会力量购买公共服务主要依据《政府采购法》和《市政公用事业特许经营管理办法》等有关法律和规章制度。这些制度对公共服务采购的适应范围、程序、监督、评估等问题规定尚不清晰。

2003 年《政府采购法》正式实施，其中第二条指出，政府采购是指各级国家机关、事业单位和团体组织，使用财政性资金采购依法制定的集中采购目录以内的或者采购限额标准以上的货物、工程和服务的行为。可见采购对象包括货物、工程和服务，但是对服务的理解仅仅限于政府自身运作的服务如政府后勤服务、政府信息化建设与维护，公共服务并没有列入采购范围，从而使政府购买公共服务缺乏法律和制度依据。

2010 年发布的《政府采购法实施条例（征求意见稿）》中明确指出，“政府采购法第二条所称服务，是指除货物和工程以外的政府采购对象，包括各类专业服务、信息网络开发服务、金融保险服务、运输服务以及维修和维护服务等”。在细化的《政府采购品目分类表》中，印刷出版、咨询、信息服务、维修、保险、租赁、交通车辆维护、会议、培训、物业等十大类服务项目都是针对行政部门的后勤服务，教育、公共卫生、社会福利等公共服务未纳入其中。少数地方政府已经颁布了政府购买公共服务的专门法规和规章。比如，广东省 2012 年出台了《政府向社会组织购买服务暂行办法》，并公布了《省级政府向社会组织购买服务目录》，北京等地区也有相应的政策出台。但是，迄今为止，全国性的政府购买公共服务仍然没有专门的法律规范提供制度保障。显然，在我国总体上缺乏

① 李伟：《准确定位政府购买公共服务的职责》，《中国经济时报》2013 年 11 月 28 日。

政府购买公共服务制度化建设情况下，有必要作出相应的地方制度创新，完善地方政府采购法律法规及相应财政制度体系。

（二）政府购买公共服务的形式：怎么买？

政府购买公共服务的方式主要有两种形式：一种是定向购买，定向购买是指政府将一个项目或者一项职能直接委托给特定的机构，通过支付现金、实物或者提供政策优惠作为购买的方式，该购买方式有三种具体的实践形态：项目形式、非项目形式、直接资助形式。项目形式是指政府部门根据社会需求将公共服务设置成相关的项目，然后委托给特定的机构。非项目形式是指针对综合性与复杂性的情况，委托的公共服务不能进行项目化管理，政府只作原则性的规定，允许承接主体发挥自身的主动性与创造性的形式。实践中不少政府部门直接委托下属的事业单位或者国有企业来提供公共服务，公开的竞争性购买少，这不仅造成事业单位、国有企业、社会组织之间缺乏公平，而且在事业单位内部、国有企业内部、社会组织内部也不公正。

另一种是招投标，是指政府的公共服务项目向社会公开招标，投标的机构通过项目申请，以质取胜，并由政府付费的一种购买方式。招投标是一种典型的项目化运作形式。就中标项目的投标来看，事实上招投标购买公共服务的方式往往以定向购买为主，参与投标机构往往只有少数几家，具备竞标能力的社会组织参与远远不足。投标主体的数量与质量不足以形成充分的竞争性市场，使得招投标的购买方式难以真正形成。

（三）后续：买了以后怎么办？

政府购买公共服务过程的不规范，主要表现为购买合同不规范、购买方式选择的标准不清、评估环节不完善。政府购买的合同较为简单，不规范，有些甚至没有合同。在签订合同时，社会组织往往处于弱势的一方，没有强调社会组织的权益条款。显然，评估作为购买过程的重要环节，并没有得到应有的重视，这一点对于定向购买的公共服务而言特别突出。

三、创新路径

（一）合理划分公共服务领域中政府和市场的角色定位，加快转型

在公共服务领域内存在着厘清政府和市场适合作用领域的问题。有的学者认为，购买公共服务的实质就是公共服务的市场化。这一说法值得商榷。但是过程当中确实需要借助市场的力量，市场的作用和角色体现在公共服务效率和水平的

提高上，但市场从来就不是能够自动实现社会公正的平台。在保障基本公共服务的可及性、便捷性等方面，就需要政府起到应有的作用。

另外，政府的作用还主要体现在掌握社会公众需求、制定公共服务规划和标准、公共服务信息公开透明、根据相关法律法规营造多元化的公共服务主体，以及监督公共服务的质量和公平上。

（二）在厘清政府购买公共服务范围的基础上，加快立法

西方发达国家在购买公共服务方面已经形成了完备的法律体系，我们可以借鉴和参考。比如欧盟制定了《公共服务采购指令》《公用事业采购指令》《货物采购指令》《公共工程采购指令》等一系列法律制度，可以严格规定不同商品、服务、工程的采购行为。①

2013 年底，国务院办公厅《关于政府向社会力量购买服务的指导意见》下发后，财政部初步确定将农业部、教育部等 19 个中央部门纳入 2014 年度政府购买服务工作计划，涉及艾滋病防治、失能老人养老服务等近 30 个项目。可以预见的是，在一段时间内，政府购买公共服务将迎来一轮新的发展。要促进政府采购公共服务的健康有序发展，当前亟待改变这一制度无法可依的困境，或者专门为政府购买公共服务制定法律法规或规范性文件，从而对采购公共服务的方式、程序、目录、标准、预算管理、监督与评估机制、质疑和投诉等问题进行详细规范。

政府购买公共服务与政府采购在目的、标的物、供应方、程序等多个方面都存在本质性区别，事实上也不宜以现行《政府采购法》作为依据。如果不重新制定专门的政府购买公共服务的法律，就需要通过对《政府采购法》进行修订来实现将政府购买公共服务纳入其中的目的。在《中华人民共和国政府采购法》和《中华人民共和国政府采购法实施条例》尚无修改并对公共服务作出专门规定之前，可以先出台指导政府购买公共服务的地方政府规章包括购买主体与购买方式、购买流程、部门职责等，避免实践的随意性，有其现实意义。

只有制度的源头问题解决了，政府购买公共服务中诸如购买主体资格、购买内容、购买对象、资金来源、购买规程、合同管理和监督、评估等基础性问题清晰了，这一制度才可能在现实中持续发展。

（三）创新政府购买公共服务方式，形成良性的公共服务治理模式

我国一些地方政府经过积极探索与实践逐步形成了招标、谈判、询价等公共

---

① 李伟：《准确定位政府购买公共服务的职责》，《中国经济时报》2013 年 11 月 28 日。

服务购买方式，但购买方式仍需不断创新。

一是可以采取政府直接购买公共服务的方式，即允许社会力量进入公共服务领域，其中又包括非竞争性购买方式和竞争性购买方式。非竞争性购买方式是通过定向的方式择优选择服务承接主体。比如，政府向公益性事业单位购买公共服务。竞争性购买方式则是购买双方相互独立，主要通过委托管理和政府采购两种形式来实现。委托管理是政府仍旧保持公有财产的所有权，社会力量以委托或者是特许的方式开展经营和管理，向社会提供公共服务。政府采购是政府将公共服务以“合同”的形式，直接通过招投标机制购买社会力量生产和经营的公共服务。这种购买模式最大的特征是购买程序的公平性、竞争性。通过多种方式开展公共服务的政府采购能够节约财政支出，降低行政成本，有效提高资金使用率。

另一种方式是可以通过发放教育券、养老券等政府补贴的方式间接购买公共服务。服务对象可以凭借有关凭证在市场上自由地购买特定服务。国内已经有部分城市在部分公共服务领域采用这样的做法。这种方式既可以使特定服务对象有更多选择权，也可以促进服务供给方之间的有效竞争，提高公共服务的质量。

(四) 形成竞争是关键，加强公共服务的绩效管理

购买公共服务流程的建立与完善直接关系到公共服务的提供效果，是规范政府购买行为的首要任务。一般而言，政府购买公共服务的流程可以简单概括为：编制年度计划、报请政府审议、确定购买项目、编制预算草案、组织实施购买、进行绩效评估与财务审计。

项目的前期评价要组织购买主体、服务对象及第三方独立机构的有关专家，设立科学的评价目标和指标，对项目预期的投入与产生效果进行评审，确定是否列入当年预算。编制预算必须列示绩效目标，按照绩效预算的要求确定拨款预期数。项目执行过程中，要通过定量和定性相结合的绩效评价来检测是否达到相应目标。项目执行完毕，要通过绩效评价结果来确定实际的结算金额。绩效评价结果要向社会公布，接受社会监督，并作为以后年度编制预算和选择服务承接主体的重要参考依据。

总之，政府购买公共服务的出发点是很好的，方向应该是稳步扩大政府购买公共服务范围，整合社会资源帮助社会组织提升竞争力，其中几个关键性的问题必须解决好，只有这样才能形成良性的公共服务治理模式，才能有利于服务型政府的真正建成。

国家治理现代化是提升软实力的重要途径

张梦仙*

当今世界，各大国都面临着激烈的软实力竞争，这种竞争日益超出了文化范畴，向经济、政治和社会等领域蔓延。譬如经济发展模式、经济制度、政治制度、政治理念、政府公信力、社会福利等，都成为各国软实力竞争的重要内容。可以说，国家软实力的强弱越来越取决于一国对其国内政治、经济、文化资源的整合能力。2013年11月，党的十八届三中全会审议通过了《中共中央关于全面深化改革若干重大问题的决定》，提出“完善和发展中国特色社会主义制度，推进国家治理体系和治理能力现代化”的改革总目标。国家治理体系是在党领导下管理国家的制度体系，包括经济、政治、文化、社会、生态文明和党的建设等各领域体制机制、法律法规安排，也就是一整套紧密相连、相互协调的国家制度；国家治理能力则是运用国家制度管理社会各方面事务的能力，包括改革发展稳定、内政外交国防、治党治国治军等各个方面。国家治理现代化，在经济、政治、文化和社会层面推动了软实力的全面提升，对于我国软实力发展有着深远影响。

一、深化市场经济体制是软实力提升的经济渠道

在经济治理现代化的进程中，我国经济发展之“软实力”主要是指以市场经济为核心的观念体系、保证市场秩序建立的制度法律以及可持续的经济增长方式、公正公平的市场竞争环境、经济体的价值取向和道德伦理等，这些方面构成了中国整个社会经济发展最为重要的激励与约束机制，也是中国经济发展的“软实力”所在。不同于经济总量、进出口贸易量、外汇储备及物质产品多少等硬实力指标，软实力更侧重于经济发展的观念、模式和体制。

---

* 张梦仙：北京师范大学政府管理学院研究生。

改革开放至今，我国经济发展取得了举世瞩目的成就。经济总量跃居世界第二位，外汇储备成为世界第一，同时又是全球第一贸易大国，从低收入经济体进入中高收入经济体行列。2008 年下半年国际金融危机爆发以来，我国更是成为带动世界经济复苏的重要引擎，2008—2012 年对世界经济增长的年均贡献率超过 20%。然而，相对于硬实力的增强，我国经济发展的软实力并没有相应提升，在经济迅速增长的过程中暴露出不少问题。第一，市场体系不完善、政府干预过多和监管不到位。第二，城乡区域发展不平衡，贫富差距拉大。第三，自主创新能力不强，仍处在“中国制造”阶段。第四，经济结构不合理，处于全球产业价值链的中下游。第五，粗放型的经济增长方式难以为继，经济增长的质量和效益仍然不高。第六，经济发展所带来的社会和生态问题加重。这些问题严重制约着国家软实力的提升，导致中国在经济实力增强的同时并不能获得世界对中国同等的尊重和认可。例如，很多国家对中国的经济发展模式存在质疑；不认可中国的市场经济地位；对中国的知识产权保护多加诟病；对中国的投资环境感到不信任，在投资时更倾向于欧美等发达国家；将中国经济崛起视为一种威胁等等。

就经济层面而言，国家治理现代化主要指以市场为基础地位的现代经济体制的形成。《决定》指出：“紧紧围绕使市场在资源配置中起决定性作用深化经济体制改革，坚持和完善基本经济制度，加快完善现代市场体系、宏观调控体系、开放型经济体系，加快转变经济发展方式，加快建设创新型国家，推动经济更有效率、更加公平、更可持续发展。”这从三个方面有助于提升中国经济发展的软实力。首先是市场经济体制的完善和深化，明确了政府和市场的关系。市场决定资源配置，资源配置依据市场规则、市场价格、市场竞争实现效益最大化和效率最优化。而政府的职责和作用主要是保持宏观经济稳定，加强和优化公共服务，保障公平竞争，加强市场监管，维护市场秩序，推动可持续发展，促进共同富裕，弥补市场失灵。其次是以科技创新为主导的现代经济增长方式的形成。建立健全鼓励原始创新、集成创新、引进消化吸收再创新的体制机制，强化企业在技术创新中的主体地位，发挥大型企业创新骨干作用，激发中小企业创新活力，推进应用型技术研发机构市场化、企业化改革，建设国家创新体系。这一体系的形成对于中国由制造大国转变为创造大国，有着重要意义。最后是开放性经济新体制的构建。通过放宽投资准入，加快自由贸易区建设，扩大内陆沿边开放等，进一步融入国际经济竞争中，通过参与国际竞争提升中国经济的影响力。

二、加强民主与法治建设是软实力提升的政治渠道

约瑟夫·奈曾指出，“一个国家达到其在世界政治中所期望的结果，可能因为其他国家希望追随它，羡慕其价值观，以其为榜样，渴望达到其繁荣和开放的水平等。从这个意义上讲，作为实现世界政治目标的方式，确定议程、吸引其他国家与通过威胁、运用军事或经济武器迫使它们改变同样重要。软权力吸引民众，而不是迫使他们改变。确立预期的能力往往与无形的权力资源相关，如有吸引力的文化、政治价值观和政治制度、被视为合法的或有道义威信的政策等。”这里提到了软实力的一个重要来源——政治价值观和政治制度。软实力在政治层面表现为一个国家以柔性方式运用政治资源去捍卫国家利益、实现国家战略目标的能力。强大的政治软实力，对内能产生凝聚力和号召力，发挥整体功能，还可以促进社会稳定和成员团结，减少和消除分裂与冲突事件；对外能产生吸引力，提升该国国际地位，增强国际话语权，并获得他国的赞赏、认同、羡慕和效仿。

在政治治理现代化的进程中，我国的政治软实力集中表现为民主与法治的政治价值观，这主要得益于中国特色的社会主义政治制度，包括人民代表大会制度、多党合作和政治协商制度、民族区域自治制度以及基层群众自治制度。在党的领导下，我国积极探索与中国特色社会主义现代化进程相适应的政治发展道路，在长期的发展过程中展现出其解决社会发展问题的能力和效果，引起了包括发达国家在内的国际社会的重视和研究，为展现中国治理的理论和制度魅力提供了难逢的机遇期。政治价值观念是政治软实力的核心部分。我国的政治价值观念容纳在社会主义核心价值体系之内，它是社会主义本真精神的价值理念，规定了社会主义的基本价值取向。社会主义核心价值体系也是直观体现社会主义与资本主义不同，充分展示着社会主义制度的优越性和生命力的重要体系。但是，由于初级阶段的政治体制和监督机制还不够完善，在政治发展的进程中出现了一些问题和挑战，例如权力寻租、贪污受贿等腐败现象的出现；国际社会对于中国民主和人权的质疑，等等。这些问题对内导致人民群众对党和政府的不信任感增加，对外损害了中国的国际形象，对于我国政治软实力的发展极为不利。

就政治层面而言，国家治理现代化主要指紧紧围绕坚持党的领导、人民当家做主、依法治国的有机统一深化政治体制改革，加快推进社会主义民主政治制度化、规范化、程序化，建设社会主义法治国家，发展更加广泛、更加充分、更加健全的人民民主。在民主建设上，更加注重健全民主制度、丰富民主形式，从各

层次各领域扩大公民有序政治参与，充分发挥我国社会主义政治制度优越性。在法治建设上，深化司法体制改革，加快建设公正高效权威的社会主义司法制度，维护人民权益，完善人权司法保障制度。在权力制约方面，要求必须构建决策科学、执行坚决、监督有力的权力运行体系，健全惩治和预防腐败体系，建设廉洁政治，努力实现干部清正、政府清廉、政治清明。在党的建设方面，提出紧紧围绕提高科学执政、民主执政、依法执政水平深化党的建设制度改革，加强民主集中制建设，完善党的领导体制和执政方式，保持党的先进性和纯洁性，为改革开放和社会主义现代化建设提供坚强政治保证。以上种种，有利于推动政治体制改革的进一步深化，巩固和加强民主与法治建设，确立我国政治发展的道路自信、理论自信和制度自信，加快国家政治软实力的提升进程。

三、推进文化体制机制创新是软实力提升的文化途径

文化软实力是综合国力和国际竞争力的重要组成部分，主要指在社会文化领域中具有精神感召力、社会凝聚力、价值吸引力、思想影响力等的文化资源。随着和平与发展成为时代主题，综合国力竞争早已超出了军事等硬实力范畴，文化的地位与作用日益凸显，越来越多的国家把提高文化软实力作为重要目标。英国提出了“创意产业”的概念，日本、韩国推出了“文化立国”战略，美国更是从20世纪60年代就着手产业结构调整，将发展高科技文化产业作为经济发展方向，并抓住机遇搭上了经济全球化及传播数字化、网络化之快车，迅速发展成世界上最庞大的文化超级大国。其他国家例如印度、法国、德国、俄罗斯等也纷纷将软实力建设作为国家战略的重要内容。在国际交流交融交锋更加频繁、思想文化领域斗争深刻复杂的背景下，加强国家文化软实力建设，对内增强民族凝聚力与向心力，对外增强国家亲和力与影响力，已成为增强国家综合国力的必然要求与战略之举。①

我国拥有独具吸引力的优秀传统文化，在文化软实力建设方面占据先天优势。近几年，国家从战略方面强调了对文化软实力的重视。2007年10月，胡锦涛同志在十七大报告中明确提出了“文化软实力”概念并把“提高国家文化软实力”作为中国特色社会主义文化建设的一个重大任务。2011年10月，十七届六中全会通过的《关于深化文化体制改革、推动社会主义文化大发展大繁荣若干重

---

① 唐志龙：《建设文化强国的战略要义》，《解放军报》2011年11月15日，第007版。

大问题的决定》再次论述了文化软实力问题。2013年11月，十八届三中全会通过的《中共中央关于全面深化改革若干重大问题的决定》又一次强调了文化软实力的重要性，并将文化体制机制创新作为国家治理现代化的重要任务。除了战略重视之外，国家在具体行动上也推动了软实力的提升，并取得了显著成效。首先是社会主义核心价值体系的建设，极大地增强了中华民族的凝聚力和国家的核心竞争力。其次，公共文化服务体系建设，使得一批重大公共文化建设项目相继实施，公共文化基础设施逐步健全。最后，文化产业规模不断扩大，文化交流日益频繁，我国文化的国际影响力不断提升。但是，在盘点我国文化软实力建设的成绩时，必须正视其中存在的问题和挑战。例如，我国文化创新能力还有很大不足，文化对外传播能力较弱，文化软实力“西强我弱”局面没有根本改变，等等。

就文化层面而言，国家治理现代化主要指紧紧围绕社会主义核心价值体系、社会主义文化强国推进文化体制机制的创新，加快完善文化管理体制和文化生产经营机制，建立健全现代公共文化服务体系、现代文化市场体系，提高文化开放水平。在文化管理体制方面，按照政企分开、政事分开原则，推动政府部门由办文化向管文化转变，推动党政部门与其所属的文化企事业单位进一步理顺关系。建立党委和政府监管国有文化资产的管理机构，实行管人管事管资产管导向相统一。在现代文化市场体系方面，完善文化市场准入和退出机制，鼓励各类市场主体公平竞争、优胜劣汰，促进文化资源在全国范围内流动。在构建现代公共文化服务体系方面，建立协调机制，统筹服务设施网络建设，促进基本公共文化服务标准化、均等化。建立群众评价和反馈机制，推动文化惠民项目与群众文化需求有效对接。在提高文化开放水平方面，坚持政府主导、企业主体、市场运作、社会参与，扩大对外文化交流，加强国际传播能力和对外话语体系建设，推动中华文化走向世界。这一现代文化治理体系从文化主体、文化产业和文化传播三个方面提升了中国的软实力。文化主体趋向于多元化，政府、企业、个人都是文化的参与者；文化产业化进一步发展，推动文化企业跨地区、跨行业、跨所有制兼并重组，提高文化产业规模化、集约化、专业化水平；文化传播渠道进一步拓宽，文化企业、重点媒体、社会组织、中资机构等都成为文化传播的载体。

四、创新社会治理体制是软实力提升的社会途径

社会治理是国家治理的重要组成部分，是社会治理多元主体运用多种手段共同规范、协调和服务社会公共事务的过程。就社会治理而言，软实力主要表现为

社会治理的模式、公平正义的社会风气、健康的社会秩序、昂扬的社会发展活力、良好的社会福利，人民幸福感等抽象事物。社会层面的软实力有助于减少社会矛盾，维护社会稳定，巩固国家安全。一个大国的国际影响力主要体现在其国家建设的成功，国家建设的成功不仅包括经济建设，而且更主要的是指社会建设。例如，美国的成功从根本上讲不是其经济财富的增长，而是其社会建设的成功：美国的分离主义势力比其他大国的分离主义势力弱，对国家统一构成的威胁小；美国有一套成功的社会治理模式，包括先进的教育制度、新闻制度、公务员制度、税收制度、医疗制度、退休制度、失业救济制度等等。就使得美国的制度成为其他国家学习的样板，成为美国的软实力主要来源之一。①

改革开放以来，党和政府始终高度重视社会管理，为形成和发展适应我国国情的社会管理制度进行了不懈的探索和实践，取得了重大成绩，积累了宝贵经验。在不断加大保障和改善民生力度的同时，经历了从加强社会管理到提高社会治理水平、从创新社会管理体制到创新社会治理体制的逐步深化过程。党的十六届三中全会提出了完善政府社会管理和公共服务职能，党的十六届四中全会提出了加强社会建设和管理、推进社会管理体制创新和建立健全党委领导、政府负责、社会协同、公众参与的社会管理格局，党的十六届六中全会提出了创新社会管理体制、激发社会活力，党的十七大提出了完善社会管理、健全基层社会管理体制，党的十八大提出了城乡社区治理和加快形成党委领导、政府负责、社会协同、公众参与、法治保障的社会管理体制。党的十八届三中全会明确提出了创新社会治理体制、提高社会治理水平的新要求。② 同时，我们也要看到，当前我国处于发展的重要战略机遇期，又处于社会矛盾凸显期，社会管理面临着新情况和新问题。一是人民内部矛盾易发多发。二是社会组织管理和服务问题突出。三是公共安全形势严峻。这些问题制约着社会创新能力的发展，抑制了社会发展活力，不利于社会层面国家软实力的生成。

社会治理现代化是以实现和维护群众权利为基础，发挥多元治理主体的作用，针对国家治理中的社会问题，完善社会福利，保障改善民生，化解社会矛盾，促进社会公平，推动社会有序和谐发展，形成科学有效的社会治理体制的过程。其核心首先是以人为本，其次是坚持法治，最终的目的是让人民安居乐业。十八届三中全会决定中把社会治理体制创新概括为改进社会治理方式、激发社会

① 陈纯江：《提升中国软实力的社会治理路径》，华中师范大学硕士学位论文，2008 年。

② 李立国：《创新社会治理体制》，《求是》2013 年第 24 期。

组织活力、创新有效预防和化解社会矛盾体制、健全公共安全体系四个方面，这四个方面相互促进，共同组成社会治理现代化的主要目标。社会治理对软实力的提升是一种潜在的、深远的影响。从“社会管理”到“社会治理”，再到“社会治理现代化”，体现了一种社会治理理念的转变，改变了过去重硬实力轻软实力的传统思维。另外，硬实力和潜在的软实力都不能自动转化为软实力，而社会治理为其提供了一种媒介支持，良好的社会治理能使一国软实力资源借助于社会这个重要渠道转换成软实力。其次，社会治理现代化将社会治理的目标转移到了人的身上，将促进人的全面发展作为社会治理的核心，为构建软实力提供动力支持。最后，先前中国存在的诸多社会问题在一定程度上削减了“中国模式”的吸引力，而社会治理现代化将薄弱的社会重新培育起来，使公民与政府能够平等的对话，使社会凸显公平正义，社会安定、人民幸福，从而提高中国社会的活力和吸引力。

结语

将推进国家治理体系和治理能力现代化列为改革总目标，标志着我国软实力在制度层面的崛起。国家治理现代化不仅是历史发展的必然要求，也是软实力竞争不断外溢的结果。仅从文化层面提升本国的软实力已然不可能在国际软实力博弈中取得优势，制度成为软实力的新的重要来源和支撑，并构成了国家软实力的基础。现代国家治理便是一种依托制度的治理，是在党领导下管理国家的制度体系，包括经济、政治、文化、社会、生态文明和党的建设等一整套紧密相连、相互协调的国家制度。中国早已有代表国家生存和发展的四个现代化的说法，四个现代化可以说是硬实力，但硬实力也需要软实力的保障，这个软实力，就是治理体系和治理能力的现代化。当前，我国拥有充裕的软实力资源，包括优秀的传统文化，具有强大吸引力的“中国模式”，良好的国际形象和灵活的外交政策，先进的社会主义核心价值观等。如何在国家治理现代化的进程中将这些资源转化为实力，利用制度的力量构建我国的软实力，是我们需要研究的问题。

完善政府治理体系 提高政府治理能力

何 军*

中国共产党十八届三中全会通过的《中共中央关于全面深化改革若干重大问题的决定》提出："全面深化改革的总目标是完善和发展中国特色社会主义制度，推进国家治理体系和治理能力现代化。"推进国家治理体系和治理能力现代化，成为当前我国全面深化改革的总目标之一写进党的决议中。这体现了国家治理基本理念的重大更新。政府在我国治理体系中居于重要位置。要改善政府治理，必先"治理政府"，推进政府职能转变，深化行政体制改革。

一、完善当代中国政府治理体系

现代国家治理体系是规范社会权力运行和维护公共秩序的一系列制度和程序，包括规范行政行为、市场行为和社会行为的一系列制度和程序。政府治理、市场治理和社会治理是现代国家治理体系中三个最重要的次级体系，也就是说国家治理体系是一个制度体系，分别包括国家的行政体制、经济体制和社会体制。现阶段，中国政府治理体系的改革和完善着重需要做好以下几个方面的工作：

（一）建设服务型政府

党的十八大报告提出："要深化行政体制改革。深入推进政企分开、政资分开、政事分开、政社分开，建设职能科学、结构优化、廉洁高效、人民满意的服务型政府。"党的十八届三中全会决定进一步提出："加大政府购买公共服务力度"，"推进城乡基本公共服务均等化"，"稳步推进城镇基本公共服务常住人口全覆盖"，"推进基本公共服务均等化"，"国有资本加大对公益性企业的投入，在提供公共服务方面作出更大贡献。"在推进服务型政府建设的环节和举措做出了更

* 何军：北京行政学院政治学教研部副教授。

为具体的部署。

（二）进一步明确政府的职责和作用

党的十八大报告提出："深化行政审批制度改革，继续简政放权，推动政府职能向创造良好发展环境、提供优质公共服务、维护社会公平正义转变。"十八届三中全会决定对健全宏观调控体系、全面正确履行政府职能、优化政府组织结构进行了具体部署，强调政府的职责和作用主要是保持宏观经济稳定，加强和优化公共服务，保障公平竞争，加强市场监管，维护市场秩序，推动可持续发展，促进共同富裕，弥补市场失灵。对我国政府职能的定位，党的十八届三中全会决定的表述更为明确具体。

党的十八届三中全会决定提出："科学的宏观调控，有效的政府治理，是发挥社会主义市场经济体制优势的内在要求。必须切实转变政府职能，深化行政体制改革，创新行政管理方式，增强政府公信力和执行力，建设法治政府和服务型政府。"近些年若干个××政府，党的十八届三中全会决定单独强调这两个，法治强调的是政府履职方式，服务强调的是职责内容。

（三）进一步明确政府、市场和社会的职能分工

市场在资源配置中起决定性作用同政府科学的宏观调控体系相结合。党的十八届三中全会决定提出："经济体制改革是全面深化改革的重点，核心问题是处理好政府和市场的关系，使市场在资源配置中起决定性作用和更好发挥政府作用。……大幅度减少政府对资源的直接配置。"习近平同志在十八届三中全会决定的说明中指出："作出'使市场在资源配置中起决定性作用'的定位，有利于在全党全社会树立关于政府和市场关系的正确观念，有利于转变经济发展方式，有利于转变政府职能，有利于抑制消极腐败现象。"

社会的归社会。政府让渡过去抓在手里的社会服务权力给社会中间组织。政府把许多权力让渡出去，发挥民间组织的作用，政府的职能就实现了转变。政府和社会由刚性的连接，变为通过民间和社会组织去实现，这样政府和社会就有了缓冲区、减压区，社会矛盾得以化解，民众自己管理自己的水平提高，政府也可以从具体的社会事务中解放出来。

（四）优化政府组织结构

改革和完善政府治理体系必须深化机构改革。优化政府机构设置、职能配置、工作流程，完善决策权、执行权、监督权既相互制约又相互协调的行政运行

机制。严格绩效管理，突出责任落实，确保权责一致。理顺部门职责关系，积极稳妥实施大部门制。对于政府的权力体系改革，习近平同志强调指出："要健全权力运行制约和监督体系，有权必有责，用权受监督，失职要问责，违法要追究，保证人民赋予的权力始终用来为人民谋利益。"①

二、提升当代中国政府治理能力

（一）全面正确履行政府职能

党的十八届三中全会决定在党中央的文件中第一次提出"全面正确履行政府职能"。具体来说，一方面，进一步简政放权，深化行政审批制度改革，最大限度减少中央政府对微观事务的管理；另一方面，政府要加强发展战略、规划、政策、标准等制定和实施，加强市场活动监管，加强各类公共服务提供。加强中央政府宏观调控职责和能力，加强地方政府公共服务、市场监管、社会管理、环境保护等职责；另外，加快事业单位分类改革，加大政府购买公共服务力度。

（二）建设法治政府

习近平同志指出："各级党组织和党员领导干部要带头厉行法治，不断提高依法执政能力和水平，不断推进各项治国理政活动的制度化、法律化。各级领导干部要提高运用法治思维和法治方式深化改革、推动发展、化解矛盾、维护稳定能力，努力推动形成办事依法、遇事找法、解决问题用法、化解矛盾靠法的良好法治环境，在法治轨道上推动各项工作。"② 党的十八届三中全会决定明确提出建设"法治中国"的目标，提出："必须坚持依法治国、依法执政、依法行政共同推进，坚持法治国家、法治政府、法治社会一体建设。"

（三）推进公共部门同私人部门和个人的合作，建立伙伴关系

根据党的十八届三中全会决定精神，未来主要着力推动政府购买服务工作，推进社会资本参与基础设施和公共服务领域。

政府购买服务。党的十八届三中全会决定提出："推广政府购买服务，凡属事务性管理服务，原则上都要引入竞争机制，通过合同、委托等方式向社会购买。""政府购买基层公共管理和社会服务岗位更多用于吸纳高校毕业生就业。"

社会资本参与基础设施和公共服务领域。党的十八届三中全会决定提出：

① 《习近平在首都各界纪念现行宪法公布施行30周年大会上讲话》，《人民日报》2012年12月5日。

② 《习近平在首都各界纪念现行宪法公布施行30周年大会上讲话》，《人民日报》2012年12月5日。

“允许社会资本通过特许经营等方式参与城市基础设施投资和运营”，“鼓励社会力量、社会资本参与公共文化服务体系建设，培育文化非营利组织。”“社会资金可直接投向资源稀缺及满足多元需求服务领域，多种形式参与公立医院改制重组。”“激发社会组织活力，…适合由社会组织提供的公共服务和解决的事项，交由社会组织承担。”“允许企业和社会组织在农村兴办各类事业。”

(四) 推进沟通协调机制建设，消除隔阂，提升治理能力

1. 尊重人民的主体地位，建立和完善社会参与机制。党的十八届三中全会决定提出：“人民是改革的主体，要坚持党的群众路线，建立社会参与机制，充分发挥人民群众积极性、主动性、创造性。”“更加注重健全民主制度、丰富民主形式，从各层次各领域扩大公民有序政治参与，充分发挥我国社会主义政治制度优越性。”“完善人大工作机制，通过座谈、听证、评估、公布法律草案等扩大公民有序参与立法途径，通过询问、质询、特定问题调查、备案审查等积极回应社会关切。”“发展基层民主。畅通民主渠道，健全基层选举、议事、公开、述职、问责等机制。”

2. 推进协商民主，加强协商和沟通。党的十八届三中全会决定提出：“在党的领导下，以经济社会发展重大问题和涉及群众切身利益的实际问题为内容，在全社会开展广泛协商，坚持协商于决策之前和决策实施之中。”“构建程序合理、环节完整的协商民主体系，拓宽国家政权机关、政协组织、党派团体、基层组织、社会组织的协商渠道。深入开展立法协商、行政协商、民主协商、参政协商、社会协商。”“开展形式多样的基层民主协商，推进基层协商制度化。”

政府是国家治理中最为重要的主体，完善政府治理体系，提高政府治理能力，是推进国家治理体系和治理能力现代化的重要方面，必须高度重视，解放思想，提高认识，扎实推进。

西部民族地区农村村民自治制度问题研究

——以宁夏海原调查为例[①]

宋平伟*

党的十八届三中全会指出：发展基层民主，要开展形式多样的基层民主协商，推进基层协商制度化，建立健全居民、村民监督机制，促进群众在城乡社区治理、基层公共服务和公益事业中依法自我管理、自我服务、自我教育、自我监督。村民自治制度作为我国基本政治制度的组成部分，在我国治理体系中占有重要地位，是完善和发展中国特色社会主义制度，推进国家治理体系和治理能力现代化的重要方面。本文以对宁夏海原县的调查为基础，着力论述西部民族地区村民自治制度存在的主要问题、内在根源和改进对策。

一、海原县农村村民自治现状

海原县地处宁夏中部干旱带，辖 17 个乡镇、1 个街道办事处、1 个管委会和 1 个自然保护区，168 个行政村、1 175 个自然村、8 个社区，面积 6 463 平方公里，人口 46 万（其中回族占 69%）。全县农业人口 40.2 万人，占总人口的 87%，是一个农业大县。

2013 年下半年，海原县第九届村民委员会换届选举的有 17 个乡镇、1 个管委会（甘盐池管委会）161 个行政村 40.2066 万人，共登记选民 250 153 人，其中女性 123 085 人，直接投票选民数 229 063 人，委托投票选民数 23 659 人，参选率达 91.57%。“十二五”生态移民整村搬迁的 7 个村，因搬迁人口均超过

① 本文是 2011 年度宁夏社科规划项目“村民自治制度在宁夏的实践与启示”的阶段性研究成果。感谢杨爱军对本文调研和写作的大力帮助。

* 宋平伟：宁夏行政学院政治学教研部讲师。

50%，暂缓换届。通过换届选举，列入选举的161个村共选出村委会主任157人，新当选75人（女性1人），村委会主任平均年龄41.1岁。村委会委员314人，其中35岁以下的93人，35至50岁的174人，50岁以上47人，女性112人，占村委会委员的35.6%。通过换届选举，有20个村的党支部书记和村委会主任实现了“一肩挑”，占村委会总数的12.4%，有94名村“两委”班子成员实行了交叉任职，占村委会班子成员的19.9%。还有4个村由于村情复杂、矛盾突出、不易化解，村委会换届选举工作未成功，待矛盾化解后，再组织进行村委会换届选举。

二、海原县农村村民自治存在的问题

（一）民主选举中存在的问题

1.“贿选”现象普遍存在。“贿选”是指用金钱或其他物质做诱饵收买选民、候选人和选举工作人员，从而达到自己多得选票而当选的目的。在调查中，大多数村民认为，“谁都一样”“谁当都一个样”，这种政治参与意识不强，对投票投给谁不以为意，有的候选人许诺选民，如当选可解决低保、优先倾斜危窑危房改造等政策，诱使村民将票投给自己。有一些致富能人，如包工头等经济条件比较好的村主任竞选人除了给村民承诺低保等利益外，直接以一张票100～200元不等的钱物进行购买，这种现象有愈演愈烈之势，上级党委、政府大多数情况下会加以干预、调查，但往往查无实据不了了之。

2.宗教势力和家族势力不同程度地影响选举。海原县山大沟深，有的自然村组距离乡镇政府20～30公里，距离村委会10～20公里，村庄呈现的点状分布非常明显，在姓氏和宗教信仰两方面，均呈现大杂居、小聚集状态。笔者在海原县部分乡镇的村组调查中发现，村主任候选人在竞选中，往往在各个大的家族中选择“代理人”，由这个“代理人”负责将本族群的选票投给自己。JTHP村，该村主任竞选候选人双方家族派系之间矛盾较大，因选民到会人数达不到法定数额等因素甚至无法展开选举。

另外，宗教势力对选举的影响不容忽视，有时候起到的作用甚至是决定性的。在ZQ村选举的时候，候选人B的支持率当选基本没有悬念，候选人A派人跟踪拍摄候选人B的竞选拉票过程，在选举的前一天晚上，候选人A和他的支持者拿着候选人B与他的支持者在一家宾馆内喝酒、唱歌等视频在各村的清真寺向信教群众进行了播放，结果候选人A第二天高票当选。

3. 乡镇党委、政府的“指派”或“指定”。传统的官本位思想对于村民自治仍然具有很大的影响。乡镇党委、政府仍然习惯于按照自己的喜好“指派”或“指定”候选人，并极力促成“指派”或“指定”的候选人当选。笔者在海原调查中发现，为了打造亮点和示范点，比如集中连片种植马铃薯或者玉米等作物，这种打造的“政绩农业”往往需要比较“厉害”的村主任或者村支书去落实，所以乡镇党委、政府更希望这种“有能力”的人当选，促成一些项目和政策的落实。

（二）村务监督制度形同虚设

1. 村务公开程度偏低。村务公开基本一片空白，有的村务公开只是为了应付上级检查，在检查组快来的时候，把公开的事项贴出去，或者把公开的事项贴到公开栏中进行拍照后就拿下来。从笔者随机对3个自然村询问的170户村民来看，村民在回答“你关心你村的村务公开吗?”这一问题时，20.3%的村民认为“关心”，其中80.5%的村民认为很关心但不知道怎么关心，也没见过公开栏之类的，也不敢问村干部；48%以上的村民认为“无所谓”，反正谁当都一样，都是为了自己的腰包。10%的村民认为“不太关心”。由此来看，绝大多数的村民对村务公开根本不太关心。下表是调查村民对村务公开的看法的数据分析。

你关心你村的村务公开吗?

	合计	关心	关心但是不知道从哪得知	不太关心	无所谓
人数	170	20.3%	20.3%	10%	48.4%

2. 村干部的付出与收入严重不符。村干部履职运行成本与收入不相符。海原县规定，从2013年1月起村级组织办公经费3 000人以上的行政村每年按1.2万元予以划拨，3 000人以下的行政村每年按0.8万元予以划拨。根据调查，以距海原县城62公里的JCMJ村的15名村干部为例，家住在县城的9名，住在乡镇中心集镇的3名，住在本村的3名，以每月在乡镇开会和村上办事等正常开支月均达到500元以上，从县城开车到乡镇开完会后，再开车去村上传达、落实，好多村干部说，发的那点工资还不够我们车的耗油钱，可见，村干部的履职成本高。

（三）村民自治组织承担了太多的行政职能

村委会究竟挂了多少个牌子，有多少个部门把职能向村级进行了延伸？在海原，一个村委会挂着“妇女之家”、“妇女儿童维权工作站”、“党代表工作室”、

“人民调解委员会”、“青年之家”、“法律援助工作站”等牌子，职能的延伸却没有配套相应的人和物，结果造成了村干部把80%左右的时间精力都用在了完成上级交办的行政事务上，推动自治、联系群众的精力大打折扣。

三、海原县村民自治问题原因分析

（一）村民在思想意识深处对村民自治认同度不高

《村民委员会组织法》第二条规定，村民委员会是村民自我管理、自我教育、自我服务的基层群众性自治组织，实行民主选举、民主决策、民主管理、民主监督。第三条规定，中国共产党依照宪法和法律，支持和保障村民开展自治活动，直接行使民主权利。然而，笔者在调查中发现，现实与制度设计还有很大的距离。

你对村委会持什么态度

回答内容	积极	不积极	无所谓
人数（%）	27.5	18.3	40

从上表可以看到，村民对村委会持积极态度的占27.5%，他们希望通过积极参与，选举出能够代表他们利益的村委会和村委会班子。

持无所谓和不积极态度的村民，大多数对村委会的工作不满意。

你对本村村委会工作满意吗

回答内容	非常满意	满意	一般	不满意
人数（%）	3	27	25	44

另有近70%的村民在调查中对村委会的工作表示一般或者不满意，主要原因在于这部分村民常年在外工作，基本无暇关注村民自治。随着经济的发展，村民的构成逐渐发生了很大的变化，从单纯的以种养殖业为主的农民走向从事货车运输、餐饮等，户在人不在的情况越来越多，村民的视野不再局限于本村。调查中，少数村民提出，现有的村民自治已经不适应当前落后地区的经济社会发展，应该予以改革，极少数村民甚至提出，在常住人口少的农村地区，应该由党委、政府设立纯粹的办事服务机构，选聘大学生村干部和志愿者为他们开展与自治相关的服务。

（二）村干部的无奈与尴尬

近年来，随着城镇化进程的加快和农村学校布局调整等因素，越来越多的农民到集镇或县城居住，所以很多村干部便在县城或集镇建房、购房、租房居住。而农村工作的特点是群众白天忙生产，早晚得空闲，早晚才是村干部工作的最佳时间，而村干部住进城里，错失与群众沟通交流的良机。党和国家的各种强农惠农政策措施需要村干部去引导、抓落实，村干部长期在县城或集镇居住，早出晚归式的走读，且多是村两委主职走读，其他村干部即便在村，往往也是遇事做不了主，以致党和政府与群众信息沟通出现“断层”，会造成落实中的“梗阻”，甚至滋生腐化风气。

笔者调查发现，村干部的素质和能力较低，从下表中可以看出，村委会委员中，大专及以上学历的人员占总数的 2%，而初中及以下学历的人员占总数的 66.7%；村主任中，大专及以上学历的人员占总数的 3.2%，而初中及以下学历的人员占总数的 69.4%。

村干部学历情况调查表

	村干部数	大专及以上学历（人）	中专（人）	高中、中技（人）	初中及以下学历（人）
村委会委员	246	5	7	70	164
村主任	157	5	8	35	109

数据来源：中共海原县委组织部

另外，村干部反映，现在的村干部任期三年，村干部第一年熟悉情况，第二年开始工作，第三年又忙于竞选，村委会任期太短，不利于村委会正常开展工作，建议村委会每届任期五年，届满及时依法换届选举。

(三) 农村村民成分构成格局发生变化

1. 村民的构成。笔者调查发现，农村空心化非常严重，青壮年多数在外打工或读书，村内青壮年劳力多外出务工，或因为子女入学到县城租房或买房居住，常年在村里居住生活的大多是老人、妇女和小孩。

对 6 个自然村组的村民构成数据分析

村组	总人口	常住人口（%）	外出人口（%）
	736	43%	57%

对 6 个自然村组常住人口状况数据

村组	常住人口	妇女（%）	老人（%）	儿童（%）	其他（%）
	736	50%	70%	40%	15%

2. 农村劳动力素质出现结构性下降趋势。随着农村劳动力转移加快，大批农村青壮年劳动力进城务工经商，部分村干部也经常在外打工，从事农业生产的农村劳动力的素质总体出现结构性下降。主要表现在，年龄结构：留乡务农的农村，中老年居多，平均年龄在 45 岁以上。性别结构：留乡务农的劳动力当中，50％的女性，女性当中有近 30％的是初中毕业辍学的女孩子，基本上就是妇女、老人种地，农业生产老龄化现象越来越突出。文化结构：留乡劳动力当中，80％以上劳动力文化水平集中在初中及以下学历，受农村职业培训的比例不足 10％。

(四) 村民自治组织成为政府的“派出机构”

《村民委员会组织法》规定，村民委员会办理本村的公共事务和公益事业；村民委员会协助乡、民族乡、镇的人民政府开支工作。从理论设计上来看，村民委员会代替着乡镇行政权力在农村的行政职能，成为政府的代理人。而村民委员会作为村民自治的法定机构，是村民利益的代理人。而在实践中，这两者之间并不总是和谐共处的，在一些具体的利益中存在很多矛盾。

笔者调查中发现，不少地区的村民自治更多地顾及或服从于上级安排的政务性工作，自治功能受到一定削弱，甚至发生错位，村民自治组织成了乡镇的“派出机构”。

你认为村干部代表的是谁的利益

回答内容	自己和家人	家族（宗教）	全体村民	乡镇政府
人数（％）	11	8	30	44

你参加过村民代表大会吗？

回答内容	参加过	没有
人数（％）	30	70

当上级党委、政府的指示与村民的意愿和利益发生冲突时，村委会往往只对上级负责，不管民意如何，部分村干部鱼肉百姓，胡作非为，一味地追求自己所谓的“业绩”，不顾一切完成上级的硬性任务，这种村委会只对上级政府唯命是从，已经不是理论设计上的村民自治，使越来越多的村民对村民自治产生失望和不解，少数村民已经表现出默然和消极。由于村民委员会的行政化，扼杀了村民自治的制度设计初衷，村民代表会议名存实亡，召开的村民大会只是在安排部署工作，村民表达意愿的机会很少，甚至被剥夺。

四、海原县村民自治问题对策研究

（一）要加大农村基础设施建设和发展农村文化教育

要进一步完善小集镇的服务功能，配套建设商贸服务设施，充分发挥小集镇承接县城、带动农村的桥梁纽带作用。要打造美丽村庄，重点实施巷道硬化、改水改厕、绿化美化及休闲广场建设，为城乡一体化发展创造条件。要强力推进节水改造、小流域综合治理，加快农村公路建设，夯实农村发展基础。广泛开展精神文明创建活动，全面加强公民思想道德教育和诚信体系建设，不断深化以法治教育、文明培育、文化惠民、城乡环境综合整治、基层民主管理、民生保障“六大工程”为主要内容的民风建设活动，着力营造“遵纪守法、明礼诚信、奋进思变、淳朴向善、理性包容”的优良民风。

（二）规范政府行为与村委会自治权力

《村民委员会组织法》第四条规定乡镇政府和村民委员会之间的关系是指导与被指导的关系，并强调乡镇政府不得干涉依法属于村民自治范围内的事项。乡镇政府对村委会必须依法指导。理顺乡镇政府与村委会的关系，要进一步完善《村民委员会组织法》，在法律层面明确规定乡镇政府通过哪些行政行为来指导村委会的工作。要强化村委会班子建设，完善基层群众自治制度，推行健全完善村级重大事项民主决策制度，统筹社会资源，培育多元化的治理主体，实现政府治理与村民自治良性互动。

（三）要进一步规范村民监督委员会的运行

1. 规范监督程序。按照“收集民意、调查分析、监督落实、通报反馈”的工作步骤，细化监督流程，规范监督程序，对职责范围内的监督事项进行监督。对监督中发现的问题，及时向村党组织和村民委员会提出意见和建议；对村民的询问质疑作出解释说明。

2. 严格内部管理。村民监督委员会实行民主管理、民主协商、民主表决和集体决策制度，凡讨论和决定事项，须经全体成员到场并全数通过方为有效。民主监督情况要有书面记载并建立档案。村民监督委员会讨论和决定的事项不能取得一致意见时，提请村民会议或村民代表会议讨论决定。

3. 建立监督机制。在乡镇纪委和村党组织的组织下，村民监督委员会每半年至少向村民会议或村民代表会议报告一次工作。结合村级民主评议活动，由村民会议或村民代表会议对村民监督委员会及其成员进行信任度测评，测评结果与村民监督委员会成员工作补贴挂钩。对不履行职责、不发挥作用，或者测评中信任票数达不到参加会议人数一半的村民监督委员会成员，由村民会议或村民代表会议予以罢免。

参考文献

[1]《〈中共中央关于全面深化改革若干重大问题的决定〉辅导读本》，人民出版社 2013 年版。

[2] 赵秀玲：《村民自治通论》，中国社会科学出版社 2004 年版。

[3] [美] 欧博文、韩荣斌：《民主之路？——中国村民选举评析》，《当代中国》2009 年第 18 卷第 60 期。

[4] 俞可平：《中国公民社会的兴起与治理的变迁》，社会科学文献出版社 2002 年版。

[5] 徐　勇：《中国农村村民自治》，华中师范大学出版社 1997 年版。

中国共产党成功的核心特质初探[①]

胡月星*

现代领导心理研究认为，许多成功者取得的成就或成功，在成就动机、目标导向、主动精神以及能力品质等核心特质上都会表现出超越他人的地方，正是这些别人所难以具备的内在因素，造成了事业的成功。在中国共产党诞生的时候，人们就把中国共产党人形象比喻为“特殊材料铸成的”。这个“特殊材料”与领导科学理论研究中所提出的“核心特质”有异曲同工之处。从一定意义上说，以毛泽东为代表的中国共产党人紧紧依靠人民群众，并把群众路线理念内化为党的路线方针政策和行为指南，使我们党一步步发展壮大起来，最终取得革命建设事业的成功。因此，正是因为共产党人所具有的一心为民、信念坚定、目标高远、求真务实、忠诚事业、顽强拼搏、无私奉献等一系列“特质”才使我们党的凝聚力和战斗力空前增强，才使我们党能够战胜各种艰难困苦，完成了新民主主义革命和社会主义革命，进行了改革开放并开创、坚持、发展了中国特色社会主义这三件大事。在中华民族独立、人民解放，确立社会主义制度和推进改革开放宏伟事业的征程上取得辉煌成就。研究和探索这个重要课题，对于了解和揭示中国共产党取得成就走向成功的奥秘，对于深入开展群众路线教育活动，积极推进国家治理和治理能力现代化进程是非常必要的。为此，笔者由此初步归纳出“八大特质”，并依此作一粗略探讨。

一、思想引领

从中国共产党革命建设成长历程来看，重视先进思想的引领始终是加强党的

---

① 该文在中国领导科学研究会召开的“学习贯彻党的十八届三中全会精神，纪念毛泽东诞辰120周年，推动领导科学创新发展理论研讨会暨中国领导科学研究会成立十周年”活动中，荣获优秀论文一等奖。

* 胡月星：国家行政学院政治学教研部领导科学教研室主任，教授。

思想理论建设的根本所在。坚持把思想引领放在首位，这是我们党的一大特点，也是我们党长期革命斗争中形成的优良传统。早在大革命时期，中国革命的道路究竟往哪里走，中国共产党经过了艰苦的探索，毛泽东把先进的马克思主义思想同中国革命实践相结合，遵循中国革命的发展规律，首先提出了农村包围城市、武装夺取政权的战略思想，指明了中国革命走向胜利的正确道路。在新民主主义革命时期，又创造性地提出统一战线，武装斗争，党的建设，是中国共产党在中国革命中战胜敌人的三个法宝，在中国革命经验上形成了新民主主义理论体系。党的新民主主义理论的提出，极大地鼓舞了中国人民争取独立追求光明道路的胜利信心，有力地指导和促进了抗日战争和中国革命的胜利发展。1945 年 4 月召开的党的七大，确立毛泽东思想为全党的指导思想。毛泽东思想是中国共产党集体智慧的结晶。它系统地回答了中国革命的社会历史环境、经济文化基础和革命性质、基本动力、斗争形式、发展道路、奋斗目标和领导力量等一系列基本问题，明确了中国革命建设的基本方向，实现了马克思主义基本原理同中国革命实际相结合过程中的第一次飞跃。党的十一届三中全会以后，中国共产党人在改革开放和现代化建设的伟大实践中，开辟了中国特色社会主义道路，形成了包括邓小平理论、“三个代表”重要思想以及科学发展观等重大战略思想在内的中国特色社会主义理论体系，实现了党的思想理论建设的第二次历史性飞跃。在 90 年的成长历程中，我们党及时总结党领导人民创造的新鲜经验，坚持思想引领和理论创新，坚持解放思想，与时俱进，不断用发展着的马克思主义理论武装全党，有力地保证了全党思想上、行动上的高度统一。

二、目标坚定

一个政党所具有的奋斗目标体现着该政党的政治理念，反映着政党的文化历史特点和组织性质，是一个政党区别于其他政党的显著标志。中国共产党诞生在半殖民地半封建的近代中国，是当时的社会阶级矛盾冲突和中国人民反对外来压迫争取民族独立斗争的必然结果。从历史背景上来看，鸦片战争后中国社会的剧烈演变，特别是 20 世纪初中国政治、经济、文化的变迁发展和国际环境的影响，为中国共产党确立自己的崇高理想和远大抱负提供了必要的条件。1921 年，在马克思列宁主义同中国工人运动相结合的进程中，一个具有崇高理想和远大抱负的政党组织——中国共产党应运而生。这个当初在中国政治舞台上还是一个很小的政党，从它诞生起，就旗帜鲜明地提出自己的政治主张，把推翻帝国主义、封建主义和官僚资本主义三座大山压迫统治，实现民族独立、国家强盛的社会主义、实现共产主义作为自己的崇高革命理想和奋斗目标。党的这一奋斗目标，为饱受剥削、压迫和欺凌的广大人民群众描绘了一幅美好的未来生活蓝图，反映了中国人民渴望平等、自由、解放和民族独立的强烈愿望，代表着中国无产阶级和广大劳动群众的根本利益，为中国革命和建设事业注入了强大动力。在这一理想目标激励下，一批又一批、一代又一代中国共产党人满怀豪情地以改造中国为己任，为根本改变中国人民被剥削和压迫的状况，实现民族独立、人民解放，开始了不屈不挠、艰苦卓绝的斗争历程。理想就是旗帜，目标就是召唤。在 90 年的奋斗历程中，无数革命先烈为了民族独立、国家富强不惜抛头颅，洒热血，献出了自己的热血与生命。据新中国成立后不完全统计，在革命战争年代，仅就福建闽西革命根据地，就有 10 多万人为中国革命抛头颅洒热血，其中在册有名的烈士 2.4 万，无数闽西儿女成为无名英雄。数百位共产党员的将星们以身许国，写就民族解放壮丽篇章。在气势磅礴的人民解放战争中，为民族独立和人民解放，完成中国民主革命反帝反封建最主要的历史任务。中国共产党领导下的人民解放军指战员牺牲 26 万人，负伤 104 万人。涌现出以董存瑞、刘胡兰为代表的一大批英雄人物。在社会主义新中国建设事业和改革开放潮流中，邓稼先、钱学森、王进喜、焦裕禄、孔繁森、杨善洲等就是其中的先进代表。这些革命前辈和优秀共产党员都有一个共同的品质特征，就是具有社会主义、共产主义的理想信念。邓小平曾经说过："为什么我们过去能在非常困难的情况下奋斗出来，战胜千难万险使革命胜利呢？就是因为我们有理想，有马克思主义信念，有共产主义信念。"崇高的革命理想和政治抱负，激励着革命战争年代无数共产党人赴汤蹈火，英勇献身，在新的历史时期，更成为我们党团结带领人民拼搏奋斗，积极进取，努力开创改革开放社会主义新事业的坚强精神力量。

三、拥有激情

激情是一种强劲的情绪，一种对人、事、物和信仰的强烈情感。古往今来的一切成功之士，无不与他们的积极激情投入有着至关重要的关系。激情是推进事业当中一种最为难能可贵的品质，对于一个政党来说就如同生命一样重要。美国著名作家爱默生说："有史以来，没有任何一项伟大的事业不是因为热忱而成功的。"中华民族是一个不乏激情的民族，这种激情熔铸在自强不息、顽强拼搏的奋斗中。在两万五千里长征路上，中国工农红军以大无畏的革命英雄主义气魄，爬雪山过草地，以革命理想高于天的豪情壮志，战胜了难以想象的艰难险阻，取得了长征的胜利。“红军不怕远征难，万水千山只等闲。五岭逶迤腾细浪，乌蒙磅礴走泥丸。金沙水拍云崖暖，大渡桥横铁索寒。更喜岷山千里雪，三军过后尽开颜。”（毛主席诗词《七律·长征》）作者饱含革命创作激情，对红军长征精神热情讴歌。在延安时期，尽管生活条件无比艰苦，但中国共产党人团结带领边区群众，开展了轰轰烈烈的大生产运动。延安时期的革命歌声至今让人心潮澎湃。新中国成立后，人们怀着无比喜悦的心情，忘我地投入到新中国各项事业之中。干部群众斗志昂扬，精神百倍，国家迅速医治战争创伤，社会主义革命和建设事业一派兴旺。60 年代在茫茫戈壁滩上，一群热血儿女怀着对祖国强大的憧憬和科技事业的热爱，献身荒漠，创造了“两弹一星”精神奇迹。许许多多的新中国建设者回首往事，都无限缅怀。他们说：“那是一段激情燃烧的岁月！国家的建设如火如荼，我们投身伟大的事业，浑身有使不完的力气。”进入改革开放新时代，千千万万的共产党人充满激情、振奋精神，保持昂扬进取、开拓创新的斗志，自加压力、奋发有为。党的好干部牛玉儒就是其中的一个代表。当地干部群众评价他“是最有激情的干部”。正是这熊熊燃烧的革命激情，使工作成为他生命的全部，事业成为他永远的追求。

四、求真务实

“求真”，就是坚持解放思想、实事求是、与时俱进的思想路线，力求认识和把握事物的本质属性与基本规律。“务实”，就是注重实践检验，在具体行动中提高解决实际问题的能力，要以解决实际问题为突破口，重实践、重实效，把各项工作真正落到实处。毛泽东有一句名言：“世界上怕就怕认真二字，共产党就最讲认真。”胡锦涛指出，求真务实，是辩证唯物主义和历史唯物主义一以贯之的科学精神，是我们党的思想路线的核心内容，也是党的优良传统和共产党人应该具备的政治品格。历史的经验教训一再证明，什么时候坚持“求真务实”我们的事业就健康快速发展，什么时候没有坚持求真务实，大搞形式主义甚至弄虚作假，我们就遭受挫折损失。新中国成立后 1958 年开始的“大跃进”和人民公社化运动，是党在探索中国建设社会主义道路过程中的一次严重挫折。“大跃进”的初衷，是希望以最快的速度尽快改变贫穷落后面貌，使中国早日强大富裕起来。问题在于实际工作中背离了党一贯倡导的求真务实、实事求是的优良传统，没有经过深入细致的调查研究和科学论证，仅从主观愿望出发，提出了一些超越历史发展阶段的目标，造成了实际工作中违反自然规律和经济规律的情况，使新中国社会主义建设事业遭受了损失。胡锦涛总书记在中国共产党成立 90 周年的讲话中强调指出，在历史上的一些时期，我们曾经犯过错误甚至遇到严重挫折，根本原因就在于当时的指导思想脱离了中国实际。我们党能够依靠自己和人民的力量纠正错误，在挫折中奋起，继续胜利前进，根本原因就在于重新恢复和坚持贯彻了实事求是。为此，在新的历史时期，建设和谐社会，贯彻落实科学发展观，就必须从实际出发，大力弘扬求真务实精神、大兴求真务实之风，把加快发展的立足点放到真抓实干上，一步一个脚印地做好工作。

五、肩负民生

民生问题大于天。肩负民生重托是中国共产党的神圣使命。党自诞生以来，就把改善民生、实现社会公平正义作为一项政治主张和奋斗目标，一切为人民群众根本利益着想始终贯穿于中国共产党 90 年的伟大实践中。在土地革命战争时期，党立足中国革命实际，紧紧抓住土地这个根本问题，调动了千千万万农民革命的积极性，使土地革命战争风风火火。解放战争时期，面对中国革命形势飞速发展的迫切需要，中国共产党人敏锐地认识到要把土地革命的成果转化为制度体系，以更大限度地保障民生利益。1947 年 7 月至 9 月间，党在西柏坡及时召开了全国土地会议，制定并实施了《中国土地法大纲》，由此开展了轰轰烈烈的土地革命运动。土地革命运动打碎了几千年来套在农民身上的封建枷锁，彻底改变了农村旧有的生产关系。这一翻天覆地的变化，使亿万农民在政治上、经济上获得解放，并由此激发出难以估量的革命热情。有关研究资料统计，江苏、山东、河南、安徽共有 543 万群众扑向淮海战场，凭着 88 万多辆太平车和独轮车，76 万头黄牛毛驴，29 万副担架，36 万多扁担，送上去了多少米面大饼，多少棉衣军鞋，很难有准确的计算。陈毅元帅有一句名言：淮海战役的胜利，是独轮小车推出来的！3 年中，晋冀鲁豫解放区参军农民累计达 148 万人；山东解放区先后有 59 万青年参军，还有 700 多万农民工随军参战。党的发展历程告诉我们，为了人民、植根人民、依靠人民，把民生问题作为关系到党的生死存亡的问题来解决，是中国共产党永远立于不败之地的根本所在。事实表明，只有依靠群众，真正顺民心遂民意的政党，才能取得领导社会前进的资格；只有确保自己的行为符合民心所向，才有江山社稷的稳固，国运才可能长盛不衰。因此，必须牢固树立以人为本、执政为民的信念，以解决人民群众最关心、最直接、最现实的利益问题为重点，使经济社会发展成果更多地体现到改善民生上，始终把发展作为党执政兴国的第一要务，把关注民生作为党长期执政的基石。要牢固树立科学发展观，切实解决好社会保障、医疗卫生、食品安全、教育收费、司法公正、安全生产、劳动就业、收入分配、企业改制、城市拆迁、土地征用、环境污染等民生重点和焦点问题，切实改善群众的生存条件和生活环境，提高人民群众的幸福指数，才能真正赢得民心，使我们党始终拥有坚实的群众基础，具有强大的凝聚力和号召力。

六、组织忠诚

组织忠诚，亦称组织承诺（organizational commitment）也有译为“组织归属感”等，一般是指个体高度认同并参与一个组织的强度。高组织忠诚度表明成员对组织有非常强的认同感和归属感。组织忠诚是一个共产党员必须具备的政治品质，也是判断一个共产党员政治上是否合格的重要标准。对组织忠诚是共产党人的一贯要求。早在建党伊始“一大”党章就明确规定党员对党必须忠实。从党的“二大”到“四大”《党章》就规定，党员必须“愿忠实为本党服务”；党的“八大”将“对党忠诚老实”作为党员的义务写入党章；以后党的“十一大”到“十七大”《党章》中都把“对党忠诚老实”规定为党员的义务。《中国共产党章程》第一章第六条规定：“预备党员必须面向党旗进行入党宣誓。誓词如下：我志愿加入中国共产党，拥护党的纲领，遵守党的章程，履行党员义务，执行党的决定，严守党的纪律，保守党的秘密，对党忠诚，积极工作，为共产主义奋斗终生，随时准备为党和人民牺牲一切，永不叛党。”由此可见，组织忠诚贯穿在党员的道德品质和行为表现的各个层面。在道德层面上，共产党人的忠诚内含着诚信、守信和服从。在政治层面上，共产党人的忠诚内含着的是一种政治信念、一种政治品质、一种政治追求。从这个角度讲，中国共产党人的忠诚，体现着超越个人狭隘私利、追求人类与社会光明与美好愿景的高尚情操。在实践层面上，共产党人的忠诚内含着个人对组织义务的崇敬与恪守、对组织目标的坚定的人生信仰、对组织任务的义无反顾的担当。从这个层面讲，中国共产党人的忠诚，既是一种境界，更是一种行动。在党的九十年的光辉历程中，中国共产党人每时每刻都在以自己的行动乃至鲜血与生命诠释着忠诚的含义，体现着忠诚勇敢、忠诚老实、忠诚可靠、忠诚于崇高的理想与事业的优秀品质。邓中夏是中国共产党最早的党员之一，他是骨头最硬的，也是对党无限忠诚的优秀共产党员。他在上海工作时被捕后，以共产党员的坚定信念和钢铁意志，挺住了敌人金钱厚禄的利诱和严刑拷打的摧残。他对狱中地下党支部负责人说："请告诉大家，就是把邓中夏的骨头烧成灰，邓中夏还是共产党员。"忠诚是以信仰为依托的。没有信仰，就不会忠诚。"敌人只能砍下我们的头颅，决不能动摇我们的信仰！"方志敏对党和革命事业的赤胆忠心，彪炳史册。江姐面对敌人的严刑拷打，始终坚贞不屈，"你们可以打断我的手，杀我的头，要组织是没有的"，"竹签子是竹子做的，共产党员的意志是钢铁铸成的"，赤胆忠心感动天地！从战争年代到和平时期，无数的优秀共产党员都用无私奉献、勇于牺牲、无比忠诚于党和人民的实际行动践行着自己的入党誓言，展示了共产党员终生恪守入党誓词的人生真谛。中组部原副部长曾志大姐 15 岁入党，面对党旗她立下誓言：从今以后，我生为党的人，死为党的鬼！要为共产主义奋斗终生，永不叛党！她一辈子信守自己的誓言，靠对共产主义的坚定信念，战胜了各种常人难以想象的艰难坎坷。她曾经说过："我对我选择的信仰至死不渝，我对我走过的路无怨无悔。"从曾志大姐身上，我们看到了共产党人忠诚党的事业、坚守共产党人精神家园的高贵品质。

七、公正廉洁

明代有一则流传至今的官箴："吏不畏吾严而畏吾廉；民不服吾能而服吾公。公则民不敢慢，廉则吏不敢欺。公生明，廉生威。"这句话中的"公"和"廉"二字，集中反映了千百年来天下百姓对当官的最本质的期望和要求。在中国共产党成立 90 年来的光辉历程中，始终有一条红线贯穿其中，那就是坚持廉洁奉公、公正无私。1935 年 5 月 26 日，方志敏在狱中写下《清贫》一文，讲述自己的清贫生活。在被捕时，家产仅仅有"去年暑天穿的几套旧的汗褂裤，与几双缝上底的线袜，交给妻子放在深山坞里保存着"。延安时期，面对日寇的猖狂侵略和国民党反动派的经济封锁，在国难当头内忧外患的艰苦岁月里，中国共产党领导的人民军队紧紧依靠人民，发扬自力更生、艰苦奋斗的革命精神，克服了难以想象的困难，擎起抗日救国的大旗，使边区成为中华民族救亡图存的希望所在。当年美国著名记者斯诺先生到延安采访，看到毛泽东住在破旧的窑洞里，身着打着补丁的军装，吃的是地瓜、野菜和红辣椒，他从中领悟了共产党人的一种力量，并预言这种"东方魔力"最终会打出一个新中国。世界上政党林立，有的曾经辉煌，最终分崩离析；有的朝不保夕，难以为继。为什么中国共产党能够历经风雨而愈加强壮，屡遭磨难而依然辉煌，因为我们党坚持廉洁奉公，从严治党，在处理腐败问题上的严明、公正，才保持了党的纯洁性，维护了党的团结，提高了党的威信。

八、顽强坚韧

矢志不移、愈挫愈奋，是中华民族千百年来形成的宝贵品质，也是中国共产党人的行为风范。诺贝尔奖获得者、著名物理学家杨振宁教授曾经说过，传统中国文化的韧性与中国共产党的韧性是中国在20世纪能够崛起的基本原因。这句话生动地说明，坚韧不拔，是中华民族不屈的国魂；百折不挠，是中华儿女共同的追求。“多难兴邦”，中国共产党发展历程，是一部经历了无数磨难，历尽艰辛却始终顽强奋斗的历史。从大革命失败走上井冈山革命道路开始，就历经五次反围剿斗争的洗礼；经过了爬雪山过草地备受艰难的万里长征；度过了延安的艰苦岁月；八年坚持抗战经受了日本鬼子的残酷扫荡；解放战争时期挺进大别山的顽强斗争；新中国成立初期抗美援朝前线的爬冰卧雪、浴血奋战等等，我们党的人民军队愈战愈勇，我们的党在艰苦岁月的磨砺中走向成熟强大。中国又是世界上自然灾害最为严重的国家之一。灾难铸就民族风骨，困苦砥砺民族精神。中国共产党领导人民在革命、建设和改革的实践中，不断丰富中华民族精神，不断发展社会主义核心价值体系。“万众一心、众志成城、不怕困难、顽强拼搏、坚韧不拔、敢于胜利”的98抗洪抢险精神；“万众一心、众志成城，不畏艰险、百折不挠，以人为本、尊重科学”的汶川抗震救灾精神；“大爱同心、坚韧不拔、挑战极限、感恩奋进”的玉树抗震救灾精神等，都是中华民族精神和时代精神的集中反映和延展升华。“不经一番彻骨寒，怎得梅花扑鼻香”。英国诗人雪莱说，品格可能在重大时刻表现出来，但它是在无关重要的时刻形成的。最大的成功常常源自最大的坚守；最后的胜利往往来自最后的坚持。对于中国共产党人来说，坚韧不拔之品格，来自为实现远大理想的不懈追求，来自为天下老百姓谋福利的宽广胸怀，是共产党人骨子里格外突出的重要禀赋。任弼时一生克勤克俭，克己奉公。被全党全军视为典范。任弼时一生有“三怕”，一怕工作少，二怕用钱多，三怕麻烦人。人们称之为“三怕”精神。叶剑英同志怀念他时说：“他是我们党的‘骆驼’，中国人民的‘骆驼’，担负着沉重的担子，走着漫长的艰苦的道路，没有休息，没有享受，没有个人的任何计较。他是杰出的共产主义者，是我们党最好的党员，是我们的模范。”优秀共产党员杨善洲同志生前任云南省保山地委书记多年，始终牢记党的宗旨，顽强拼搏，无私奉献了自己的一生。退休后，他主动放弃进省城安享晚年的机会，带领群众在荒山秃岭植树造林 22 年，建成约 5.6 万亩的大亮山林场。在临近生命的尽头，他将价值超过 3 亿元的林场经营管理权无偿交给国家，并嘱托要把林场收益及时分给老百姓，用生命和行动践行了一名共产党员坚守精神家园、坚忍顽强的优秀品质。

综上所述，在中国共产党发展历程中形成的一系列核心特质，为我们深入了解中国共产党取得成就与成功的内在动力具有重要的研究价值意义。在新的历史时期，面对世情、国情、党情发生深刻变化的新形势，党要经受住执政考验、改革开放考验、市场经济考验、外部环境考验等各种严峻考验，消除精神懈怠、能力不足、脱离群众、消极腐败等危险因素，就需要从思想信念、目标宗旨、组织观念、态度行为、意志品质等重要内容入手，把加强党的思想建设、组织建设、作风建设和执政能力建设与塑造共产党人理想人格密切结合起来，不断改进党的领导方式方法，重视激发内在活力，进一步提升执政党的核心竞争能力，以使我们党在各种风浪考验面前从容应对，在各种挑战压力面前始终立于不败之地。

基层政府治理中的农村土地难点问题

——以延安为例

张 乐*

十八届三中全会部署了全面深化改革的总目标是完善和发展中国特色社会主义制度，推进国家治理体系和治理能力现代化。其中对土地制度的改革也作了相关规定："赋予农民对承包地占有、使用、收益、流转及承包经营权抵押、担保权能，保障农户宅基地用益物权，改革完善农村宅基地制度。"

一、土地制度改革的必要性

我国土地按用途来划分，可以分为建设用地、农业用地和未利用土地。建设用地又可分为城市建设用地和农村建设用地，农村建设用地又包括农村乡镇企业建设用地、农村公共服务建设用地和农民的宅基地。

自十一届三中全会以来，我国农村形成了以家庭联产承包责任制为基础的土地制度，在过去的30年里，这种土地制度确实为我国农村经济发展和整个国家生产力的发展做出了卓越的贡献，一定程度上也解决了土地的公平利用问题，但是近年来，随着我国经济社会的不断发展，这种土地制度已经在很大程度上不再适应当前社会生产力的发展要求。

首先，这种土地制度不利于我国农业现代化发展。

农业现代化包括农业机械化、规模化，这必然离不开土地的集中规模经营。我国目前是一种小农经济，按照我国古典经济学中的农业微观经济模型，小农经济引起的规模偏小存在着自身的局限性，如不能吸纳机械技术等现代生产要素，其技术进步的速度也是非常缓慢的，农业的规模效应不能很好地发挥。在农村土

* 张乐：中共延安市委党校管理学教研部助教。

地集体所有制下，流转土地经营权是扩大我国农业土地经营规模的必然选择。

其次，土地权属不清制约农村发展。

在当前的农村土地制度下，农民的承包地及宅基地都属于集体财产，农民对于这些财产只拥有使用权而没有产权，并且农村土地的所有权、使用权、承包权相互混淆，没有一个明确的规定，由此造成了土地抛荒、滥用、不合理征用、非法买卖乃至土地纠纷等一系列问题，使损害农民利益的事件频频发生，大大制约了农村生产力的发展，损害了农民的生产积极性和农村社会的稳定性，不利于我国“三农问题”的解决和农村的发展。

最后，当前生产力要素发展的要求。

在30年前，我国的经济相对落后，工业基础也很薄弱，农村的生产者主要是以人力劳动为主的劳动密集型，这也就决定了人的生产积极性对于激发生产力具有重要意义。家庭联产承包责任制的出现正好解决了人的劳动积极性这一问题，因此极大地促进了农村生产力的发展，进而促进了我国农村乃至整个国家经济的飞速发展。今天我国的经济水平和农业生产技术水平已经有了很大提高，决定农村生产的主要因素已经由人的生产积极性变为生产技术，而这也是当前针对土地制度改革的诱因之一。

二、目前土地制度存在的难点问题

（一）土地流转对象模糊

农地流转给谁，这是当前我们面临的难点和焦点。虽然制度上规定土地自由平等流转，但是目前很多土地流转到了有实力的企业或者是政府手中。土地流转对象模糊，直接会影响到农地是否农用，因为这从经济的角度来说，对于他们来说，种粮食不划算，所以土地流转对象的模糊直接影响到土地流转的效益和初衷。

（二）城乡建设用地市场不统一

不讲农村土地和城市土地同地同权同价，因为农村和城市本身就不可能同地，位置不同，规划不同，用途不同，直接决定它的价格不可能相同，永远不可能同价。即使地理位置相近，土地的规划和用途也能决定土地的价格，因为农村的土地和城市的土地规划是不可能相同的，否则就没有城乡土地的区分了。

在我国延安，普遍存在的一种现象就是，城乡土地市场处于分割状态，二者享有的权利完全不同，城市的建设用地有正式的交易市场，由市场定价，而农地就不一样了，还要经过征地转化为国有土地。城市土地为他们的拥有者带来多少财富，延安某县城的居民就因为在城里拥有几套房子，每年为他们带去几十万的财富，而农村呢？土地为农民带来的财产性收入不足3%，拥有同样面积土地的农民其年收入刚过6 000元。这就是因为农村经营性建设用地难以和城市土地一样进入市场进行交易，同权不同利的后果。

（三）土地流转信息不畅通

目前我市农村很多的土地流转都是农户间自发进行的，流转双方也以亲戚、朋友、邻居等关系好的人之间内部的私下流转，不进行登记，也不遵循一定的程序，不但造成了承包关系的混乱，流转工作的无序，同时也造成了流转信息的不畅。现在我市很多农村土地供需信息尚未形成区域网络，供需双方的信息不能及时沟通，存在很多“要转的转不出去，要租的租不到”的情况，进而难以形成有效流转。

目前我们没有建立农村土地流转交易信息网络，也没有及时登记汇集可流转土地的数量、区位、价格等信息资料，更是没有定期对外发布可流转的土地资源信息，土地供求双方没法进行相互联系。更加缺乏这样的一个中介组织即在土地供求双方协商一致的前提下，帮助办理流转手续，切实地为承租者提供信贷、技术、物资等服务，并且妥善处理土地经营过程中发生的矛盾和问题，维护好土地所有者、承包者、经营者三方的合法权益。

（四）土地流转形式存在问题

据去年农经年报统计，延安市农户家庭承包土地流转总面积64 747亩，占到土地承包经营面积的0.94%，其中转包面积42 415亩，转让面积4 898亩，互换面积4 970亩，出租面积9 363亩，其他形式流转面积3 101亩。

目前延安市的农村土地流转形式主要有以下几种。转包，即土地承包方将承包的土地的使用权包给第三方，转包期限不超过土地承包期限的剩余期限，转包方与原发包方的土地承包关系不变。这种方式虽然能从短期提高土地资源的利用率，但是这种方式不能从根本上解决不种地的拥有土地、种地的却没有土地的问题，还会给转包期不长的土地带来掠夺式经营的情况。互换，即农户之间为了耕种的方便或调整种植结构的需要，交换土地的承包权、经营权以及原土地承包合同约定的权利、义务。这种方式虽然能从一定程度上改变地块零星分散的现状，实现土地的集中经营，但是仍然不能解决一家一户为生产单元的形式，不能很好地发挥农业的规模效应。代耕，即外出打工、上学和参加了工作等无力耕种土地的家庭将自己承包的土地交给信得过的人如亲戚、朋友或邻居代耕代种。这种土地流转形式的弊端就是代耕人对土地粗放经营的居多，同时也增加了人地矛盾，比如有的居家迁户了，甚至死亡绝户了，仍然拥有土地的承包权即使用权，很多新生和迁入的农民却没有土地这种对他们来说基本的生产资料。出让，即部分农民因公路、桥梁等公共设施、工商业发展等建设用地的需要在取得一定量的土地补偿后放弃土地承包经营权的流转形式，这种土地流转形式混淆了所有权和使用权的界限，实质上是土地使用权者将土地的所有权一并进行了出让，因为这种出让很多都是改变了土地的用途和性质的。入股，即农户将承包土地的使用权作价入股，参与股份制和股份合作制经营并作为分红的依据，但是目前我市的这种土地流转形式还在初推阶段，可能会面临一系列新的问题，比如企业公司出现倒闭、亏损，农民血本无归没了生活保障，难免会引发新的社会问题。

三、基层政府治理中土地制度改革何处去

（一）解决农村土地经营权的流转对象问题

农村土地向谁流转一直都是制约我市农村经济发展的一个重要因素，最理想的状态就是向留在村里的人流转，即积极促进土地承包经营权向农业大户、农民合作社、农业企业流转，这是农业适度规模经营、发展现代农业的客观要求。同时，只有流转给留在村里没走的人，他的经营规模才会扩大，土地的规模效益才会显现出来，农民的收入才会渐渐提高，城乡的差距也才会进一步缩小。

延安市共辖1区12个县、163个乡镇、3 385个行政村，全市约220万人口，约153万农业人口，市国土面积共5 556万亩，其中耕地总面积687万亩，自1982年和1998年两轮土地承包工作之后，全市完成二轮延包的村子达到99.8%，据统计目前我市农户家庭承包土地流转总面积也就6万多亩，占土地承包经营面积的1%左右。

目前我市主要的工作就是全面完成农民承包地产权确权、登记和颁证工作，在全市的乡镇建立农村土地经营权流转、服务与交易平台，在城镇化不断推进、农业人口不断减少的同时，实现土地流转，提高农业人口人均占有土地的面积。以农业大户、农民合作社、农业企业等为主体，承接农民流转的土地资源，推进农村土地集约化、规模化、产业化经营。延安的土地资源土层深厚、适合生长的

作物众多，发展林果业和畜牧业的前景十分广阔。

（二）建立城乡统一的建设用地市场

2014 年 1 号文件指出："在符合规划和用途管制前提下，允许农村集体经营性建设用地出让、租赁、入股，实行与国有土地同等入市、同权同价，加快建立农村集体经营性建设用地产权流转和增值收益分配制度。"

目前，我市农村集体建设用地违法屡禁不止，如农村小产权房层出不穷，这表明农村建设用地隐形市场活跃，但就是因为没有一个规范的农村集体建设用地的自由流转市场，导致利益分配不均衡，农民的利益受到严重的损害，所以只有实现农村集体建设用地与城市国有建设用地"同地同价同权"的市场，农村土地才能真正流转。

我们如何理解建立城乡统一的建设用地市场？建立城乡统一的建设用地市场并不是指所有土地都可以入市，并非各种不同用途、不同类型的土地都在一个市场买卖，这是一种内在机制、定价原则等方面的统一。农地入市有两个前提，第一就是它必须是经营性的建设用地，第二就是它必须符合规划和用途的相关规定。

国土部已经召开了全国深化土地管理制度改革地方座谈会，国土资源部副部长也向媒体表示，2014 年国土部将有四项工作，其中集体经营性建设用地流转入市，也正在研究细化思路和任务，全国各地多个省份密集启动土地改革措施，相继试水出台省级农村改革文件，"农地入市"成为现实将指日可待。因此，我市的相关部门要研究制定关于开展农村集体经营性建设用地使用权市场交易试点工作指导意见，探索建立集体经营性建设用地产权流转和增值收益分配制度。

（三）尽量赋予农民更多的财产性权利

赋予农民更多财产权利并不是指土地承包权可以抵押，土地承包经营权可抵押的是经营权，把经营权从承包经营权中单独分离出来，允许抵押担保，但承包权作为物权依然不允许抵押，那么抵押的这个经营权又能抵押给谁？这里应该避免一般自然人和普通企业法人参与抵押担保，只有有资质的银行机构才可以。

慎重稳妥推进农民住房财产权抵押、担保、转让，并不是指宅基地可以自由买卖了，农民对宅基地只有使用权，土地则属于农民集体所有。

赋予农民更多财产权利即赋予农民对承包地占有、使用、收益、流转及承包经营权抵押、担保权能，使农民对承包地的权能更加完整和充分。这有利于维护农民的土地权益，有利于保护土地使用权作为农民的用益物权。我国农村土地属于集体所有，农民通过承包经营获得的是土地的使用权。现行情况下，农民拥有的土地使用权主要是两个部分，一个是土地承包经营权，包括耕地、林地、草地的承包经营权，按有关法律规定，承包期分别为耕地30年，草地30～50年，林地30～70年；另一个是宅基地使用权。另外，农民可以通过招标、拍卖、公开协商等方式承包集体的荒山、荒沟、荒丘、荒滩，获得“四荒地”承包经营权。但是，由于《物权法》规定，耕地、宅基地等集体所有的土地使用权不能抵押，因而使农民拥有的土地承包经营权的用益物权权能不完整、不充分。赋予农民更多的土地使用权权能，就是赋予农民对土地承包经营权拥有抵押、担保等权利，使农民能够以土地承包经营权进行抵押、担保等活动。将抵押担保权注入土地承包经营权权能，可以充分活化土地使用权的金融功能和作用，扩大农村有效担保物范围，有效缓解农业农村发展中面临的融资难难题，使农业农村发展获得有效金融支持，为农业现代化发展提供强大动力。所以，赋予农民对土地承包经营权抵押、担保权能，使农民拥有的承包地权能更加完整和充分，是实践的迫切需要。

（四）尽量保障农民宅基地的基本权益

目前我市农村有大量的宅基地处于闲置状态，主要有这两种情况，一是“建新不拆旧”，农村很多农户申请新的宅基地，建好并入住之后，原来的旧房也没拆，旧宅基地不变。二是进城的农民已经在城里购置了房产进而在农村的房屋长期闲置。那么如何将这些宅基地变为财富，这就要看政策导向，毕竟农民住房的抵押担保转让中，房屋转出去、转给谁了，涉及的土地问题在法律的范围内要慎重处理好。

因此，目前我市应该加快包括农村在内的农村地籍调查和农村集体建设用地使用权确权登记颁证的工作。从市场经济和改革的方向上来说，宅基地将来一定会自由买卖的。违建绝不能合法化，这也是法治社会的底线。

农村宅基地的改革是要逐步进行的，城里人也是可以下乡去买农村的土地的，但是这必须要符合条件。三中全会的决定没有明确，这是有原因的，为什么呢？在今天这个情况下，如果允许城里人下乡买地置业，那我们有太多的富人都到农村去圈一大块土地，去搞个庄园，周末去度个假。目前我们城里面还有大量的违章建筑，如楼顶上面盖的房子，农村再展开圈地的话，我们现在还远远没有这个能力进行治理，很有可能就会出现大乱。将来从方向上讲，是应该允许居民下乡购买土地，不过要有土地用途和规划管治，这一点看看发达国家就知道了。

参考文献

[1]《中共中央关于全面深化改革若干重大问题的决定》。

[2] 林樾：《中国土地制度改革何处去？——访著名经济学家华生教授》，《国家行政学院学报》2014年第2期。

[3]《中华人民共和国农村土地承包法》。

[4] 刘卫柏，陈柳钦，李中：《农村土地流转问题新思索》，《理论探索》2012年第2期。

[5] 刘建丽：《我国农村土地流转存在的问题及对策探析》，《当代经济》2012年第2期。

中国制度现代化的当代意蕴和实践指向

龚晓珺*

一部人类文明史，就是一部社会制度的变迁史。制度兼具工具理性和价值理性的双重特性，关乎各种权威社会资源的总体安排，关乎社会各方利益博弈的最大化，关乎人们行为的总体规范，关乎国家的前途和命运。制度在理念、依据、设计过程、内容、执行及监督等方面能否公平公正，对于一个国家和社会的发展来说，是最能凝聚共识和最具根本性的社会问题，因此制度公平是社会最大的公平。当前我国正处于“发展瓶颈期”和“改革深水区”，社会矛盾明显增多，利益格局趋于固化，人治大于法治，社会不公现象严重，民众怨声载道。问题主要聚焦于制度缺失、制度不公、制度执行不力等方面，问题倒逼新一轮改革，尤其倒逼以公平正义为核心价值诉求的制度现代化。党的十八届三中全会恰逢其时，提出了全面深化改革的“总目标”和“路线图”，即“完善和发展中国特色社会主义制度，推进国家治理体系和治理能力现代化”；到 2020 年，在重要领域和关键环节改革上取得决定性成果，形成系统完备、科学规范、运行有效的制度体系，使各方面制度更加成熟更加定型。可见，制度现代化是推进国家治理体系和治理能力现代化的重中之重，必将成为当今中国最重大的时代课题之一。

一、制度：人类文明的基石和重要推手

制度对于人类社会而言具有建构意义和根性价值，它是一个历史范畴、规则范畴、关系范畴，具有客观必然性和时代发展性，是人类文明的基石和重要推手。其逻辑起点，学界普遍认同始于人性恶和利己心的经济人假设，因为人的本性中具有追求利益最大化、搭便车和机会主义的倾向，为了有效约束人性中的缺陷，规范和建构人类社会集体生活的秩序，作为一种社会规则的制度就应运而生

* 龚晓珺：国家行政学院政治学教研部博士后。

了。正如诺斯所言，“制度是一个社会的游戏规则，更规范地说，它们是为决定人们的相互关系而人为设定的一些契约”。[①] 这种规则，是政治学视域中基于人必然要过集体生活和对社会稀缺资源进行权威分配的一种公开性、常态化、博弈性、强制性的规范体系，也是经济学视域中基于交易成本视角考量和追求利益最大化的“集体行动控制个体行动”[②] 的组织行为模式，还是社会学视域中基于社会结构和生活世界而形成的具有普遍意义和整体约束力并为所有社会成员提供“相对固定样式”的社会自我维系系统。在哲学视域中，制度，“就是这样一些具有规范意味的——实体的或非实体的——历史性存在物，它作为人与人、人与社会之间的中介，调整着相互之间的关系，以一种强制性的方式影响着人与社会的发展”。[③] 可以这样说，制度对于人类文明功不可没，其为人类社会的生存和发展适时地提供工具性的刚性规则、观念性的柔性价值理念及程序化、可操作性的制度载体。如果没有制度作为根本保障，人类社会将寸步难行。

制度对于现代化而言同样具有根基性的意义和首要价值。从根本上说，现代化的本质就是制度现代化，亨廷顿对此明确指出：“现代化意指社会有能力发展起一种制度结构，它能适应不断变化的挑战和需求。”[④] 在亨廷顿看来，现代化的标志就是制度文明的成功构建，和亨廷顿持有同样类似想法的国内外学者不在少数。霍尔朋也认为现代化就是指制度的总变迁，“现代化包含着人们用以组成其社会一切制度的变革，即包括政治的、社会的、经济的、知识的、宗教的和心理的制度在内的变革”。从人类社会发展的历史逻辑来看，把制度看作是现代化核心要素的思想有其深刻性，因为制度以其根本性、全局性、规范化的本质特征而深刻影响着人类社会的进程，尤其是在西方工业文明开启了现代化征程之后，市场经济条件下的利益关系变得愈加错综复杂，唯有依靠集工具理性和价值理性于一身的制度才能保障个人权利，规范人们行为，形成社会良好秩序，提供制度预期，减少风险社会的不确定性。经济学家对制度的好感是显而易见的，“制度使日常生活中反反复复的讨价还价最小化；制度降低了交易费用”。[⑤] 对于政治学家而言，制度是规范权力使用、分配社会稀缺资源、维护公民权利和遏制腐败的良药。可以这样说，制度现代化是现代化诸多方面中至关重要的一环，好人不

① 道格拉斯·诺斯：《制度、制度变迁与经济绩效》，上海三联书店 1994 年版，第 3 页。
② 康芒斯：《制度经济学》，商务印书馆 1962 年版，第 87 页。
③ 辛鸣：《制度论》，人民出版社 2005 年版，第 51 页。
④ 塞缪尔·亨廷顿：《文明的冲突与世界秩序的重建》，新华出版社 2002 年版，第 58 页。
⑤ 布罗姆利：《经济利益与经济制度》，上海三联书店 1996 年版，第 48 页。

如好制度，制度管根本、管全局、管长远。人类社会的历史经验表明，唯有以制度文明和制度现代化为根基，一个国家和社会才能最终实现和维护公正、自由、竞争、平等、民主等人类所孜孜以求的现代化理想和价值诉求。

二、制度现代化：国家治理现代化的核心和关键

在现代国家建构的过程中，制度现代化具有不可替代的重要作用和功能，它是现代化的实现目标之一和重要组成部分之一，是国家实现现代化的前提保障和必由之路，是国家治理现代化的核心和关键。换句话说，没有制度的现代化，就没有国家的现代化。

首先，从人类社会发展的历史逻辑和经验来看，迈向现代化的世界各国竞争的实质归根到底是国家制度的竞争，是制度层面的优胜劣汰，且制度的现代化尤其是政治制度的现代化，被视为现代化的关键。西方早期资本主义国家之所以能够先后完成社会转型进入现代国家行列，就是因为这些国家在历经两三百年的时间里，通过资本主义改革或改良，最终奠基了现代资本主义国家的基本制度框架，解放了生产力，抑制了机会主义和权力的滥用。如英国通过 1640 年和 1688 年两次革命，确立了君主立宪制，率先完成工业革命，最早进入现代化国家行列；美国独立战争之后确立的宪政思想和三权分立制度，为其成为世界现代化领头羊国家奠定了坚实的制度基石；日本的现代化之路，始于“明治维新”，等等。而苏联和东欧等一系列社会主义国家，在现代化的关键转型期，却因实行“休克疗法”的激进制度改革，葬送了社会主义前程。因此可以这样认为，制度现代化建设是实现现代化的关键点，是现代国家建构的前提、必由之路和标志，没有现代化的制度，就没有现代化的国家。国家的根本政治制度解决好了，现代化之路才能比较顺畅，反之亦然。

其次，从现代国家建构的核心部位——权力系统的获得和运行模式来看，制度性权力表征着一种更高的与全球化、现代化相适应的权力模式。在政治学视域，国家是围绕利益并依据权力而展开博弈和斗争的政治工具，一个国家中占统治地位的阶级或集团的权力取得有其合法性路径和发展理路。自国家诞生之日起，国家权力大体先后经历了神治—人治—法治等几个阶段，与此相适应的权力特征也先后表现为神权—专断性权力—制度性权力，而相应的权力行使手段也呈现出愚昧性—强制性—民主建制性等特征。由此可见，制度性权力是人类社会文明发展较高阶段的权力模式，相比神权和专断性权力，它更具有合法性来源、稳

定性机制、合理性支撑和可持续性前景，更易形成国家和社会的良性互动。在全球化、现代化、信息化的时代背景之下，现代国家的科层制管理愈加科学和精准，加之网络社会已初具雏形，信息愈加共享、开放、畅通和透明，这就使得以往靠强制力维系的专断性权力愈加失去了合法性。邓小平对于制度建设极为重视，曾经语重心长地说道，“制度好可以使坏人无法任意横行，制度不好可以使好人无法充分做好事，甚至会走向反面”。[①] 作为一种建制性权力，制度性权力的协商式、程序式、规范式等建构路径和权力运行机制，有效避免了以往权力的随意性、独断性和人治性，进而把权力从无序、为所欲为和专制状态转变到有序、无一例外和制度状态，从而使其获得了稳定的制度机制、社会支持和强大生命力，切实了保障现代社会公民权利的实现，成为国家、社会和个人之间良性互动的稳定器和活力来源，成为公民追求自由和全面发展的重要制度保障。

再次，从国家治理现代化的本质要求和实现目标来看，制度现代化是其中具有决定意义和最为重要的内容和目标。“制度现代化与工业现代化、农业现代化、国防现代化、科技现代化相比较，是更为重要、更为本质、更为关键的现代化。不实现制度的现代化，其他方面的现代化不可能持久，甚至不可能实现。”[②] 缺此，国家就无法真正从传统社会向现代社会转型，而现代化国家所需的一系列制度刚性结构和深层制度文化也无从谈起。一般来说，国家治理现代化的总体目标包括硬件和软件两部分，硬件主要指国家治理体系的现代化，软件主要指国家治理能力的现代化，这两方面缺一不可，互为条件和依据，一体两翼。但无论哪一方面，制度建设都是至关重要的着力点。国家治理体系现代化主要指建构制度化的刚性国家治理框架结构，既包括静态科学的制度设计和制度统筹安排，也包括动态协调有效的制度体系及其灵活运行的机制，是一整套涵盖经济、政治、文化、社会、生态等各领域的紧密相连、相互协调的国家制度；国家治理能力现代化主要指与国家治理体系现代化相匹配的运用国家制度管理社会各方面事务和有效应对解决国家发展道路中的各种矛盾和错综复杂问题的综合能力，涉及改革发展稳定、内政外交国防、治党治国治军等各方面。现代国家治理体系和能力建设的重点，是做到既实现社会有效控制国家，又实现国家有效管理社会，这就需要以合理性、合法性、有效性的制度理念、制度设计和制度运行来重构国家与社会、政府与公民、政治权力与政治权利的关系。毋庸置疑，对于任何一个国家和

---

① 《邓小平文选》第 2 卷，人民出版社 1994 年版，第 333 页。

② 包心鉴：《以制度现代化推进国家治理现代化》，《中国福建省委党校学报》2014 年第 1 期。

民族来说，这都不是一蹴而就的，而是一个长期、艰巨和渐进的过程。不难看出，以拥有丰富石油资源而获取巨额财富的一些中东国家，尽管这些国家在经济层面的富裕程度可以与欧美国家相媲美，但却因缺失制度文明而徒具现代化表象，因此不能被认为已迈进现代化国家行列。可以这样认为，制度文明是人类文明从传统社会向现代社会过渡的重要转折点，是现代国家治理最本质和最富有挑战性的轴心内容，它建立在国家的社会经济基础之上并与其政治文明一脉相承，关涉国家的前途和根本命运。对此，亨廷顿甚至把制度建设的重要性提升到现代化行为模式的高度，“制度就是稳定的受珍重的和周期性发生的行为模式”①，在他看来，制度的最大效用是“建立一个合法的公共秩序”②，并以一种既定的力量塑造人们的行为规范和文化价值观。同时，制度现代化还能提供可预期的国家和社会的未来治理发展路径，保证国家治理的稳定性和有效性，培育自由、公正、平等、竞争、合作等制度精神，使公民成为“一种制度里的公民”③，有助于实现人自由而全面发展的现代化目标。因此，要实现国家的现代化，人的现代化，关键在于构建制度的现代化。对于任何一个民族国家来说，制度现代化无疑都是一个重大的时代课题。

三、中国制度现代化：一个重大的时代课题

中国无论是在古代、近代还是现代都是一个令世界瞩目的东方国度，其古代的辉煌文明、近代的屈辱历史、现代的大国崛起勾画着不同的历史轨迹和民族国家命运。究其古代、近代和现代国家命运迥然不同的根源，在于制度变量，尤其是长期以来人治大于法理的制度文化土壤，即使当代中国这个全球排名经济总量第二的最大发展中国家面临着制度困境的严峻挑战，同时也带来了问题倒逼式的主体渴盼和历史机遇。对于中国而言，制度现代化并不是对西方模式的照抄照搬，而是要走出一条有中国特色的制度现代化之路。

（一）制度困境的堪忧现状和严峻挑战

问题倒逼式是中国新一轮改革的时代背景，其特征是改革已进入深水区、矛盾凸显期和瓶颈期，到了啃硬骨头和涉险滩的关键危机时刻，而中国当下的危机和困境从根本上说，是一种制度困境，主要表现为三方面的堪忧现状和严峻挑战

① 亨廷顿：《变化社会中的政治秩序》，上海三联书店1989年版，第12页。

② 亨廷顿：《变化社会中的政治秩序》，上海三联书店1989年版，第7页。

③ 康芒斯：《制度经济学》（上册），商务印书馆1962年版，第93页。

战：一是制度文化缺陷。制度本身属于文化的历史性产物和组成部分，其产生和发展源自文化、表征文化并反作用于文化，有着自身基于不同文化的发展规律和历史选择性。马克思善于从哲学高度分析和总结问题，他对于人类社会的历史如此评价，“人们自己创造自己的历史，但是他们并不是随心所欲地创造，并不是在他们自己选定的条件下创造，而是在直接碰到的、既定的、从过去承继下来的条件下创造”。[①] 这表明，文化传承是制度存在和发展的基础、前提和依据。哈耶克也指出，制度是自发秩序的“文化进化”。在中国，潜规则盛行，不走正门专走后门和偏门已成为特殊的制度文化现象和制度现代化建设的严重阻碍。中国社会之所以会产生这种制度文化的缺陷，主要原因有两个，其一是中国人情社会根深蒂固的基于“差序格局”的熟人社会惯性思维和行事方式，凡遇事首先想到的是找关系、走后门，而不是按制度规章出牌，社会对潜规则的认知和信任度远远高于显规则，这已经成为渗透到中国社会各领域各方面的不二办事法门；其二是中国特殊的人治和权力代理传统，中国漫长的封建社会和广袤的国土疆域客观上造就了专制集权和缺失民众广泛参与的人治传统，皇帝的话就是国家的最高法律，皇帝的权力鞭长莫及就委托地方乡绅政府代理，长此以往，势必导致国家层面法治的严重缺失和权力的过度僭越，社会层面对民众权利的漠视和现代契约精神的匮乏，个人层面“学而优则仕”的权力人生观，反之也愈加助长和形成了人治而非法治、潜规则而非显规则的制度文化土壤。二是制度缺失。制度因其普适性、公开性和正义性而成为现代国家建构过程中的重要奠基石，但中国因制度文化缺陷及市场经济追逐个人私利最大化特征和机会主义倾向，而导致了在现代社会转型期出现令人担忧的制度缺失现象，这种制度缺失集中表现为制度公平正义的缺失，制度不公是社会最大的不公平，由此导致利益格局失衡、社会不公现象严重、社会矛盾明显增多、民众怨声载道。三是制度执行不力。纵使有再好的制度设计，一旦缺乏强有力的制度执行力，制度也形同虚设。中国特色的“上有政策，下有对策”熟语已众所周知，这表明中国社会制度执行力弱化乏力，制度实施扭曲和机制不健全，民众对制度理念缺乏认同。为此，李克强总理近期多次呼吁强调，制度执行要做到“最先一公里”和“最后一公里”的对接。

（二）制度现代化的历史机遇和中国命题

面对严峻的制度困境挑战，中国唯有进行制度建设，通过政治体制改革构建

① 《马克思恩格斯选集》第1卷，人民出版社1995年版，第585页。

与现代化相匹配的高度制度文明，才能成功跨入现代国家行列。由此可见，制度现代化赋予当代中国难得的历史机遇，中国应当顺势而为，抓住机遇，迎接挑战，破解制度困境，构建独具中国特色的制度文明。中国的制度现代化建设是一项紧迫而重大的时代课题，其必要性和紧迫性表现为：第一，制度现代化是破解当前中国社会主要矛盾和困境的关键。制度构建社会秩序、制约权力僭越、塑造社会规范、倡导社会诚信、公正、平等等理性力量，为此西方社会对制度给予厚望："我们需要的与其说是好的人，还不如说是好的制度……"[①]"因此必须以尊崇的态度对待它们，以审慎的态度提到它们"。[②] 当今中国正值从传统社会向现代社会的转型期，改革开放给中国社会带来了经济的极大繁荣和社会面貌的极大改变，使中国一跃成为当今世界第二大经济共同体，但同时社会也进入到了矛盾高发期和凸显期，社会不公、权力腐败、利益格局固化、人治代替法治等现象严重，因此必须进行新一轮全面深化改革，这次新一轮改革的重点就是要在制度方面大有作为，通过制度现代化建设推进国家治理现代化，以完善有中国特色的社会主义制度，目标任重而道远，路线图清晰而具体。制度现代化是中国现代化的核心和本质。第二，制度现代化是实现中国梦的核心环节。自从习近平总书记在2012年底提出"中国梦"的系列思想以来，国家富强、民族振兴、人民幸福三位合一的中国梦就成了中国社会最鼓舞人心的政治动员和最深入人心的正能量口号，中国梦的实质是中国现代化之梦，这是自鸦片战争以来无数仁人志士抛头颅洒热血、前仆后继而英勇书写的中国近现代史的主旋律，从洋务运动、戊戌维新、辛亥革命、五四新文化运动到中国共产党28年艰苦卓绝的斗争，从器物层面、制度层面到精神层面的现代化尝试，振兴中华、实现国家的独立和解放成为中华民族梦寐以求的奋斗目标。新中国成立之后，改革开放前后60年的发展历程，使当今中国比历史上任何一个时期都更接近中国梦的实现。但我们也清醒地意识到，唯有制度和精神层面的现代化才是最终的现代化，才能巩固和发展器物层面的现代化成果。制度现代化将最终影响和决定中国现代化的命运，从长期来看，它将更加重要，但同时也将更艰巨和更富于挑战性。由是观之，中国现代化之梦的本质是中国制度现代化之梦。第三，当前中国进行制度现代化的时机稍纵即逝，困难前所未有，任务和意义尤其重大。改革开放的总设计师邓小平对制度

---

① 卡尔·波普：《猜想与反驳》，上海译文出版社1986年版，第491页。

② 乔治·霍兰莎拜因：《政治学说史》，商务印书馆1986年版，第687页。

建设的认识是很有见地的，他强调加强领导制度的建设，认为“这不是一个人的问题，是整个制度的问题”。[①] 他反思“文化大革命”的错误，指出“这是我们制度上的缺陷”。[②] 对于制度建设的艰巨性和复杂性，他在1992年的南方谈话中预言：“恐怕再有三十年的时间，我们才会在各方面形成一整套更加成熟、更加定型的制度。在这个制度下的方针、政策，也将更加定型化。”[③] 中国新一代领导集体对于制度建设同样也有着深刻的理解和认识，习近平总书记在中共中央政治局第五次集体学习时发表了如下经典论述：“制度问题更带有根本性、全局性、稳定性、长期性。关键是要健全权力运行制约和监督体系，让人民监督权力，让权力在阳光下运行，把权力关进制度的笼子里。”[④] 在党的十八届三中全会上，习近平提出全面深化改革的总目标，并指出国家治理体系和治理能力是一个国家制度和制度执行能力的集中体现，同时绘制了制度现代化建设路线图。毋庸置疑，无论是中央高层还是普遍民众，对于制度现代化具有的引擎价值和基础意义，无论是从制度转轨和制度解放的社会层面，还是从以制度约束权力、摆脱人治实现法治的政治层面，抑或从以制度保障市场决定作用的经济层面，都已形成了对制度建设紧迫性的共识。现代化进程需要一个稳定、协调、有序的社会环境，而这一切定当由制度现代化来提供，它关乎现代化的成败，关乎中国未来前途和命运，必须抓住时机，放眼大局，以壮士断腕之勇气革旧从新，加强顶层设计、中层执行、底层落实，从而有力地推进制度建设。

四、中国制度现代化的实践指向

在实践路径上，中国制度现代化建设应从中国国情和实际出发，围绕核心目标抓住重难点，突破关键领域，有力有为，构建制度文明，走出一条有中国特色的制度现代化之路。

（一）核心目标：公平正义

公平正义作为人类社会孜孜以求的首要价值，其根基和最好的载体是制度。制度公平是社会最大的公平，是人类社会规范完善自身最基本的行为准则，缺

① 《邓小平文选》第2卷，人民出版社1994年版，第350页。
② 《邓小平文选》第2卷，人民出版社1994年版，第350页。
③ 《邓小平文选》第3卷，人民出版社1993年版，第372页。
④ 习近平：《积极借鉴我国历史上优秀廉政文化不断提高拒腐防变和抵御风险能力》，《人民日报》，2013－04－21。

此，制度将丧失存在的理由和根据，制度所具有的工具理性和价值理性也将消失殆尽。要想实现制度公平正义的核心价值目标，必须把公平正义贯穿于制度的理念依据、内容设计、执行监督等全方位环节中。具体来说，一是在制度理念上，应摒弃权力超越制度的人治观，在全社会树立不因人不因事而随意变动的制度法则信念，宣传制度工具理性“无一例外”的程序正义和制度价值理性公平正义、平等诚信等实体正义。应当看到，随着社会主义市场经济的不断深入，人们对于走后门、找关系的社会潜规则也已深恶痛绝，迫切期望公平正义、自由诚信的良好社会秩序和社会制度的健全，以此形成全社会对制度的高度认同和信任。二是在制度设计上，应当以利益平衡、权利公正、科学合理、普遍适用等作为其基本原则，既体现制度的公平合理性，又考量以制度制衡制度的监督机制。当前应把实现互利公平和底层正义放在第一位，切实维护好群众最关心、最直接、最现实的利益问题，打破既得利益固化格局，建立公正制度体系，寻求各方利益最大公约数和动态均衡的互利公平，使社会各方面的利益关系得到妥善协调，人民内部矛盾和其他社会矛盾得到正确处理，社会公平正义得到切实维护和实现。同时，还要关照社会弱势和困难群体的基本公平诉求，有效构筑和优先实现底层公平，逐步建立以权利公平、机会公平、规则公平、分配公平为主要内容的社会公平保障体系。三是在制度运行上，要保障“无一例外”的制度机制的正常运作，塑造制度的榜样规范力量，改变“上有政策，下有对策”的制度真空状态，下大力气保证制度执行的不走样、不变形。同时，要以强有力的措施保障制度的有效监督和运行，防止制度异化、变味及丧失合法性根基。

（二）关键领域：政党治理和政府治理

制度现代化，是一个复杂的社会工程，其中政党和政府是制度最重要的供给者，起着举足轻重的作用，因此政党治理和政府治理就成了制度现代化的关键领域。结合中国国情和具体实际，在涉及政治、经济、文化、社会、生态等各方面各领域的制度体系和制度机制建设中，政党治理和政府治理的主要任务有三方面。首先，政治制度改革是重中之重。制度文明的核心是政治制度的科学设置，其基本目标是建立起透明、参与、法制、回应、廉洁、和谐的现代善政、现代政党和政府，以制度规范权力运行和改变人治弊端，以制度分配社会总体资源，以制度实现各方利益最大化和共享社会发展进步的成果，建立良好的利益博弈和制衡机制，有效提高政党和政府的制度供给水平，以政治文明建设推动制度文明建设，正如邓小平所强调：“只搞经济体制改革，不搞政治体制改革，经济体制改革也搞不通，因为首先遇到人的障碍。事情要人来做，你提倡放权，他那里收权，你有什么办法？从这个角度来讲，我们所有的改革最终能不能成功，还是决定于政治体制的改革。”① 其次，法治建设是根本目标。将政党治理和政府治理的规则制度化法律化，不仅是现代国家治理的基本要求，也是现代法治的基本精神。依法治国不仅停留在理念和口号上，更要落实在实实在在的制度和法治建设中。权力要在法律的范围内行使，不允许任何组织和个人有超越宪法和法律的特权。国家治理要在法律的轨道上运行，不允许任何组织和个人无视制度和法律为所欲为，随意违背和破坏法律的尊严。社会还要大力倡导制度氛围和制度风气，以公正阳光的显规则反对黑暗不公的潜规则，使人们自觉维护制度权威，认同制度，按制度行事。再次，重视民众参与和意见表达。在当今全球化、现代化、信息化、网络化的多元社会中，人们的利益诉求、观念意识、受教育程度、交往方式等都发生着深刻变化，因此现代化的国家治理体系要以人为本，把为人民服务放在政党治理和政府治理的中心工作上，切实维护好、发展好群众的根本利益。同时，还要通过公开、透明、回应等工作方针和基本原则，给予民众意见表达的平台和渠道，使他们能够畅所欲言，给党和政府建言献策，推动国家治理体系和治理能力的现代化。

（三）当前重点：增强制度执行力

公正的制度还要有健全的实施机制。当前中国制度的一大诟病是制度执行不力，制度疲软，制度选择性执法，归根结底在于制度实施不健全。从路径依赖来看，制度实施不健全主要表现为顶层设计文本化—中层执行选择化—底层实施空心化，因此出现了“上有政策，下有对策”的现象，制度没有发挥其应有的规范作用，形同虚设，因而缺乏广泛认同和民众支持。重塑制度权威绝不是一件轻而易举的事情，至少需要以下三个基本条件：其一，制度设计公正，以避免制度不公和缺失认同；其二，权力运行制度化规范化，以防治制度的选择性执法；其三，制度监督和纠错机制健全，以制度制衡和约束制度。制度执行有力的本质特征也表现为三个方面：一是“无一例外”的制度程序正义，二是“最先一公里”和“最后一公里”的制度链条对接，三是敬畏制度的类宗教认同和信仰。

制度的生命力源于制度公正和制度执行有力，这也正是当前我国制度现代

---

① 《邓小平文选》第3卷，人民出版社1993年版，第164页。

化建设的核心目标和重点工作。在国家治理现代化的征途中，制度现代化建设是必须要跨过的一道难关和门槛，为此，党和政府应以高度的责任担当，不惧困难和挑战的勇气与信心，走出制度缺失和制度疲软的困境，高瞻远瞩、顺势而为构建中国特色的制度文明和制度现代化之路，最终实现中国现代化之梦的宏伟目标。

国家治理体系和治理能力现代化问题研究[①]

——兼评学术界的几种观点

袁达毅[*]

完善和发展中国特色社会主义制度，推进国家治理体系和治理能力现代化，是《中共中央关于全面深化改革若干重大问题的决定》（以下简称《决定》）确定的全面深化改革的总目标。党的十八届三中全会后，学界对推进国家治理体系和治理能力现代化从不同角度进行了探讨，国家治理已经成为学术领域和社会生活中的热门话题。从文献检索的情况看，学界探讨的主要问题有：治理的含义，治理和管理的区别，国家治理和国家统治的区别，国家治理体系和治理能力及其现代化的含义和内容结构，推进国家治理体系和治理能力现代化的路径和措施等。对这些问题认识和理解，直接关系到对党的十八届三中全会精神的解读，关系到对全面深化改革总目标的认识。

一、推进国家治理体系和治理能力现代化的提出及意义

《决定》为什么提出推进国家治理体系和治理能力现代化？国家治理体系和治理能力现代化的基本含义是什么？对这两个问题的认识和理解，是关系到如何认识和理解全面深化改革总目标的重大理论问题，也是社会主义现代化建设中的重大现实问题。学界对这两个问题解读很多，对于广大干部群众学习理解《决定》精神发挥了重要作用。但是，在学者的解读中，有一些把重点放在“管理”与“治理”和“统治”的区别上，而不是放在“现代化”上。笔者认为，这是一种偏离《决定》精神的解读。根据习近平同志系列讲话精神，推进国家治理体系

① 该文原载《武陵学刊》2015年第1期，本文在原文基础上略做删减。

* 袁达毅：北京行政学院政治学教研部教授。

和治理能力现代化，重点应当是“现代化”，即在现存国家治理体系和治理能力基础上，以现代化为目标，将国家治理体系和治理能力向前推进，而不是在区分“治理”和“管理”基础上，按照某些学者的治理观去构建一种全新的国家治理体系和国家治理能力。

“现代化”是工业化的产物，没有工业化就不会有“现代化”概念的诞生。而工业化是以科学技术发展为基础的，是科学技术发展的产物，没有科学技术的发展，也就不会有工业化。工业化的巨大成功，引起了人们思想观念、社会经济体制和生活方式的变革。在思想观念上，“它导致了人们对科学技术的绝对信仰，由此引起了哲学的根本变革，‘知识就是力量’的信念几乎占据了观念的统治地位”①；在经济体制上，实现了由自然经济向市场经济转型，市场在资源配置中的作用逐步加强，最终起决定性作用；在生活方式上，大量人口由乡村生活转向城镇生活。工业化要求劳动者具有高度的组织性和纪律性，分散居住和散漫的生活方式，不能适应工业化的要求。在工业化过程中，劳动者集中居住的比例逐步提高，大量的农民转变为城市居民，城市人口逐步增加，社会生活的城市化水平逐步提高。

人们对“现代化”的认识是一个逐步深化的过程。早期的“现代化”概念，可以说是“工业化”的代名词。随着人们认识的深化，由“工业化”引起的思想观念、经济体制和生活方式等方面的变化，以及科学技术发展状况都被纳入人们的视野，将其作为现代化的重要内容和衡量现代化的重要指标。总之，从传统农业社会向工业化转型而引起的各种变革，都可视为“现代化”的内容。今天，由于科学技术的发展，我们已经进入信息时代，与早期相比，在人们思想观念中，“现代化”涵盖的内容更加丰富，市场化、民主化、法治化、城市化、信息化，以及知识的科学化和大众化等，都是人们观察和评判现代化问题的重要指标。

现代化既是一个过程，也是一种状态。现代化是不断发展的，其内容也是不断丰富的，在现代化发展过程中的每个时段，都会形成某种状态。把每个时段形成的状态连接起来，就是现代化发展过程的总体画面，亦即现代化的发展史。由于在现代化过程中所处的阶段和发展水平不同，无论是过去、现在抑或将来，各国对“现代化”的认识和理解是不同的，现代化的目标和任务也是不同的。即使是同一国家，在不同的历史时期对现代化的认识和理解也不完全相同，现代化的

① 严立贤：《“现代化理论”述评》，《社会学研究》1988年第2期，第72—82页。

目标和任务也会有所不同。在现代化发展进程中，各国都会根据国际形势和国内社会发展状况不断调整现代化的目标和任务。在经济全球化和政治民主化的今天，对于早已完成工业化的西方发达国家来说，社会经济政治文化体制基本定型，现代化的主要任务是抢占科技的制高点，并把它转化为生产力，不断提高经济发展的科技含量，引领现代化的发展方向，以期在经济全球化过程中继续获取巨大的利益。对于发展中国家来说，由于工业化的发展阶段不同，现代化的具体任务也会有所不同，但现代化目标是一致的，既要推进工业化的发展，又要紧跟科技进步，推进信息化，避免走西方国家工业化的老路，实现跨越式发展，即走新型工业化道路。

当一个国家的现代化发展到一定阶段时，现代化对传统价值观念和传统治理体制的挑战就会成为一个无法回避的问题。改变传统价值观念，改革传统治理体制，推进国家治理体系和治理能力现代化，以适应现代化发展的要求，就会成为国家治理的一种必然选择。区别在于，一些国家的选择是主动的，一些国家的选择是被动的。

改革开放以来，我国现代化进程不断加快，取得了令人瞩目的成就。第一，我国已经实现了由计划经济向商品经济进而向社会主义市场经济的转型，社会主义市场经济体制基本确立。第二，产业结构发生了很大变化。服务业迅速发展，在国民生产总值中所占比例有了很大提高。2013 年，第一产业增加值占国内生产总值的比重为 10.0%，第二产业增加值比重为 43.9%，第三产业增加值比重为 46.1%，第三产业增加值占比首次超过第二产业。① 第三，科学技术迅速发展。在航空航天、超级电子计算机、超大容量存储设备、高铁技术、宽带移动通信、核能利用等众多领域处于世界先进行列。第四，信息技术发展快，普及程度高。我国拥有世界上最大的互联网和手机用户群体，公民获取信息的途径多种多样，手段和方式便捷。第五，交通运输发达。高速铁路网、高速公路网和其他等级的公路网四通八达，初步形成了现代化的交通运输网络。第六，人均国民生产总值逐步提高。根据国家统计局的统计数据换算，2013 年人均国民生产总值已经超过 6 000 美元②。第七，城镇化快速发展。2013 年城镇人口占全国总人口的比例达到 53.73%③。第八，人口的受教育程度大幅度提高。2010 年第六次全国人口普查数据显示，每 10 万人中具有大学文化程度的人为 8 930 人。文盲（15

①②③ 资料来源：《中华人民共和国2013 年国民经济和社会发展统计公报》，http://www.stats.gov.cn/tjsj/zxfb/201402/t20140224_514970.html，[2014-02-24]。

岁及以上不识字的人）率下降至 4.08%[①]。第九，我国人均寿命大幅延长。《2013 年世界卫生统计报告》称，2011 年中国人均寿命已达到 76 岁，高于同等发展水平国家，甚至高于一些欧洲国家[②]。

以上只是我国现代化发展的部分状况。事实上，我国现代化进程是多方面的，引起的变化是全方位的。正如美国学者亨廷顿所言："现代化是一个多方面的进程，它涉及人类思想和活动的所有领域中的变化。"[③] 现代化进程引起的变化，当然包括了国家治理体系和治理能力的变化。改革开放以来，为了适应和推进我国现代化进程，我国不断调整和改革国家治理体系。与改革开放初期相比，国家治理体系已经发生了很大变化，治理能力也不断增强，正在朝着现代化方向发展。但是，改革开放以来所做的调整和改革，大多是一种被动选择，是一种"倒逼推进"的结果，客观上虽然朝着现代化方向发展，但主观上不是有意识地把现代化作为调整和改革的目标，因此，也可以说是一种"自发推进"的结果。

《决定》提出推进国家治理体系和治理能力现代化，是在邓小平同志战略思想的基础上，根据新中国成立以来特别是改革开放以来我国现代化发展状况作出的重大决策，也是全面推进我国现代化的一项重大战略举措。习近平同志指出："邓小平同志在 1992 年提出，再有 30 年的时间，我们才会在各方面形成一整套更加成熟更加定型的制度。这次全会在邓小平同志战略思想的基础上，提出要推进国家治理体系和治理能力现代化。这是完善和发展中国特色社会主义制度的必然要求，是实现社会主义现代化的应有之义。"[④]《决定》将邓小平的这一战略思想付诸实施，指明了国家治理体系和治理能力建设的方向。它将使国家治理体系和治理能力建设由"倒逼推进"向"主动推进"转变，或者说是由"自发推进"向"自觉推进"转变。这必将加快我国治理体系和治理能力现代化的进程，进而推动我国现代化的全面发展。

二、国家治理体系和治理能力现代化

习近平同志指出："国家治理体系和治理能力是一个国家制度和制度执行能

---

① 资料来源：《2010 年第六次全国人口普查主要数据公报（第 1 号）》，http：//www.stats.gov.cn/tjsj/tjgb/rkpcgb/qgrkpcgb/201104/t20110428_30327.html，2011-04-28。

② 《世卫统计报告称中国人均寿命排中高收入国家之上》http：//world.huanqiu.com/exclusive/2013-05/3941298.html，2013-05-17。

③ 塞缪尔·P·亨廷顿：《变化社会中的政治秩序》，王冠华，等译，生活、读书、新知三联书店 1989 年版，第 30 页。

④ 习近平：《习近平关于全面深化改革论述摘编》，中央文献出版社 2014 年版，第 23 页。

力的集中体现。国家治理体系是在党领导下管理国家的制度体系，包括经济、政治、文化、社会、生态文明和党的建设等各领域体制机制、法律法规安排，也就是一整套紧密相连、相互协调的国家制度；国家治理能力则是运用国家制度管理社会各方面事务的能力，包括改革发展稳定、内政外交国防、治党治国治军等各个方面。国家治理体系和治理能力是一个有机整体，相辅相成，有了好的国家治理体系才能提高治理能力，提高国家治理能力才能充分发挥国家治理体系的效能。"① 习近平同志的这一重要论述，科学地阐释了国家治理体系和治理能力的内涵及二者的关系，对于我们准确理解和把握《决定》精神，把思想认识统一到《决定》精神上来，推进国家治理体系和治理能力现代化，意义十分重大。

国家治理体系是一个极其复杂的系统，可以从不同角度进行观察和分析。目前，国内学界对国家治理体系的界定主要有以下几种：一是认为"国家治理体系是指所有参与治理的主体活动的相互结合所形成的总体状态"②；二是认为"国家治理体系是社会利益关系、政治权力关系和公民权利关系相互联系、整体构成的有机系统"③；三是认为"国家治理体系是指一个国家有效形成秩序的主体、功能、规则、制度、程序与方式方法的总和"④；四是认为"国家治理体系就是规范社会权力运行和维护公共秩序的一系列制度和程序"⑤。学界关于国家治理体系的界定和解读，对于我们认识、理解和把握国家治理体系的内涵，有重要的学术价值，但都存在着一定的局限性，与习近平同志的讲话精神存在一定差距。

如何界定国家治理体系，关系到我们对《决定》精神的理解和把握。正因为如此，习近平同志在《切实把思想统一到党的十八届三中全会精神上来》一文中，对国家治理体系的含义进行了阐释，认为"国家治理体系是在党领导下管理国家的制度体系"。习近平同志关于国家治理体系的阐释，与《决定》精神高度一致，是对《决定》精神的深化，有利于我们正确理解和准确把握《决定》精神，统一思想认识。

那么，怎样理解才符合《决定》精神呢？这需要从习近平同志的讲话中寻找

① 习近平：《习近平关于全面深化改革论述摘编》，中央文献出版社 2014 年版，第 24 页。

② 李景鹏：《关于推进国家治理体系和治理能力现代化——"四个现代化"之后的第五个"现代化"》，《天津社会科学》2014 年，第 57-62 页。

③ 王浦劬：《全面准确深入把握全面深化改革的总目标》，《中国高校社会科学》2014 第 1 期，第 4-18 页。

④ 徐邦友：《国家治理体系：概念、结构、方式与现代化》，《当代社科视野》2014 年第 1 期，第 32-35 页。

⑤ 俞可平：《衡量国家治理体系现代化的基本标准》，《南京日报》，2013 -12 -10，A7 版。

答案。根据习近平同志的讲话精神，国家治理体系主要由体制、机制和法律法规构成。

体制是指国家经济组织、政治组织、军事组织、文化组织和其他社会组织设置的机构和机构职权划分，以及组织之间、机构之间、组织和机构与公民之间的关系的总和。一个国家的体制是由国家经济体制、政治体制、文化体制、科技体制、社会体制、生态文明体制和党的领导体制等各种体制构成的，是各种体制的总称。

所谓机制，是事物内部因素和外部因素相互作用的过程和方式。这里所说的内部因素，包括事物的构造、功能和相互关系；外部因素是指与事物本身的结构、功能等没有直接关系的因素。机制与体制既有联系又有区别，体制的构成因素是相对稳定的，通常由法律法规和其他规范性文件作出规定，而机制的构成因素极其复杂，既有体制性因素，也有非体制性因素，机制是由体制、法律法规、文化和环境等各种因素相互作用而形成的。

法律法规，是各级政权机关制定的规范性文件的统称，它主要由宪法、法律、行政法规、地方性法规、行政规章（包括部门规章和政府规章）和其他规范性文件构成，是国家机关、社会组织和公民个人的行为准则，法律法规的内容涉及经济、政治、文化、社会、生态文明等各领域。此外，执政党、政治协商机关、村民和居民自治组织制定的制度规范，虽然不属于法律法规范畴，但在国家和社会治理中发挥着重要作用。

国家治理体系现代化，是国家治理体系为了适应社会发展现代化的要求，从传统向现代转型和发展的过程与状态。民主、法治、科学、协调和有效是国家治理体系现代化的主要特征。

现代化的国家治理体系，是一种民主的治理体系。国家治理体系的构建和运行按照民主的制度和程序进行，充分体现人民的意愿，维护人民的利益，接受人民的监督。也就是说，国家经济、政治、文化、科技、社会、生态文明等各种体制的建立和运行，法律法规的制定和实施，都要根据民主制度和民主程序进行，充分体现人民意愿，反映和维护人民的利益，接受人民的监督；而由体制、法律法规等各种内外因素相互作用而形成各种机制，符合民主的要求，体现民主的价值，有利于实现人民的主体地位，维护和发展人民利益。

现代化的国家治理体系，是一种法治体系。法律法规既是国家治理体系的一个重要组成部分，也是国家治理体系构建和运行的规则。现代化国家治理体系，是依照法律法规构建和运行的治理体系。也就是说，国家经济、政治、文化、科技、社会、生态文明等各种体制的建立和运行，依照法律法规特别是宪法进行；

法律法规的制定、修改和废止，依照法定要求和程序进行，也就是按照宪法、立法法和有关法律进行；严格遵守法律法规，坚持法律面前人人平，不允许任何组织和个人有超越宪法和法律的特权；各种机制要体现法治精神，符合法治原则。

现代化的国家治理体系，是一种科学的治理体系。其科学性主要表现在，国家治理体系构建要充分体现科学精神，也就是说，各种体制和机制的构建、法律法规的制定，要符合实际，要与社会经济、政治、文化和科技发展水平相适应，能够促进现代化的全面发展；国家治理体系的运行按科学要求进行，善于采用各种科学的手段和方式方法处理国家和社会事务。

现代化国家治理体系，是一个协调的治理体系。构成国家治理体系的各种体制、机制和法律法规是一个有机的整体，在国家治理中相互配合，发挥各自的功能。各种组织和各种机构职责明确，在国家治理中依法履行各自职责，形成相互配合、协调有序的有机统一整体。总之，现代化的国家治理体系，“是一整套紧密相连、相互协调的国家制度”。

现代化的国家治理体系，是一个有效的治理体系。有效性的主要表现是，国家治理体系能够适应社会发展要求，根据社会发展变化对国家进行有效治理。也就是能够根据社会发展变化不断进行有效的自我调整，适应现代化的发展要求；能够有效地应对各种复杂局面，处理好各种国内国际事务，不断提高治理效率；能够有效地化解各种社会矛盾，维护社会稳定，等等。

对于国家治理能力现代化问题，很多学者进行了探讨，提出了多种看法：一是认为“国家治理能力的现代化，就是指国家治理手段、治理方法的时代化、科学化以及治理结果的有效性，它回答的是‘国家治理的本领与效能’问题”[①]；二是认为“国家治理能力的现代化，一般来说是指政府的公共政策制定能力、公共财政与预算能力和选人用人能力的现代化”[②]；三是认为“国家治理能力的现代化，是国家治理中政治权力主体和公民权利主体运用国家制度法律的能力的现代化”。能力是相对主体而言的，是对主体的一种评价。在前述看法中，第一种观点没有从治理主体自身去观察和分析治理能力现代化问题，观察问题的角度存在偏差。第二种观点虽然从主体自身进行观察，但其局限性也非常明显：其一是把国家治理能力仅仅归结为政府能力，忽视了其他主体的存在，看问题不够全

---

① 郑慧，何君安：《试论国家治理体系和国家治理能力现代化》，《新视野》2014年第3期，第38-43页。

② 竹立家：《着力推进国家治理现代化》，《中国党政干部论坛》2013年第12期，第9-11页。

面；其二是只从表象上解释问题，也就是用具体领域或方面的现代化解释和说明国家治理能力的现代化，没有揭示出国家治理能力现代化的本质属性。第三种观点从主体自身观察能力问题并考虑到了主体的多样性，但在解释和说明治理能力现代化时，仍然停留在表象层面。

笔者认为，从基础层面看，国家治理能力现代化，就是治理主体为了适应社会发展现代化的要求，有意识地推进治理能力由传统向现代转型和发展的过程与状态。从我国的实际情况看，推进国家治理能力转型和发展的过程，就是适应时代变化，改革不适应现代化发展要求的体制机制、法律法规，又不断构建新的体制机制、法律法规，使各方面制度更加科学、更加完善的过程，也是增强按制度办事、依法办事意识，运用制度和法律治理国家，把各方面的制度优势转化为管理国家的效能，是提高党科学执政、民主执政、依法执政水平的过程。通过推进国家治理能力的转型和发展，实现党、国家、社会各项事务治理制度化、规范化和程序化，始终保持国家治理能力与国家现代化发展要求相适应的状态。

对于国家治理体系和治理能力二者的关系，习近平同志指出："国家治理体系和治理能力是一个有机整体，相辅相成，有了好的国家治理体系才能提高治理能力，提高国家治理能力才能充分发挥国家治理体系的效能。"同理，没有国家治理体系的现代化，就不可能实现国家治理能力的现代化。没有国家治理能力现代化，国家治理体系现代化就不可能继续向前推进，就不能适应社会主义现代化建设的要求，国家治理体系的效能就不可能得到充分发挥。

三、政治体制改革与推进国家治理体系和治理能力现代化

《决定》要求：紧紧围绕使市场在资源配置中起决定性作用深化经济体制改革；紧紧围绕坚持党的领导、人民当家做主、依法治国有机统一深化政治体制改革；紧紧围绕建设社会主义核心价值体系、社会主义文化强国深化文化体制改革；紧紧围绕更好保障和改善民生、促进社会公平正义深化社会体制改革；紧紧围绕建设美丽中国深化生态文明体制改革；紧紧围绕提高科学执政、民主执政、依法执政水平深化党的建设制度改革。这"六个紧紧围绕"，是全面深化改革的顶层设计和总体思路，是完善和发展中国特色社会主义制度的必然要求，也是推进国家治理体系和治理能力现代化的主要路径。在这"六个紧紧围绕"中，"紧紧围绕坚持党的领导、人民当家做主、依法治国有机统一深化政治体制改革"，既是推进国家治理体系和治理能力现代化的一个重要方面，也是全面深化改革，

推进国家治理体系和治理能力现代化的根本措施和重要保证。

经济全球化，是当今世界经济发展的一种潮流。对世界各国来说，不管你是否愿意，都要被直接或间接卷入这个潮流之中。这个潮流是在市场经济的推动下形成的。其基本特征是世界市场在资源配置中发挥着决定性作用。经济全球化的过程，是各国开放国内市场和参与世界市场竞争的过程。要在世界市场竞争中取得主动地位，就需要建立与经济全球化潮流相适应的市场经济体制，使市场在国内资源配置中起决定性作用，迎接市场开放的挑战，积极参与世界市场竞争。这就需要深化政治体制改革，处理好政府和市场的关系，着力解决政府干预过多和监管不到位的问题。既要改革现存的资源配置格局，逐步弱化政府在资源配置中的作用，又要加强政府对市场的监管，保障公平竞争，维护市场秩序，充分发挥政府和市场两个方面的作用。

文化体制改革的主要任务是“完善文化管理体制和文化生产经营机制，建立健全现代公共文化服务体系、现代文化市场体系，推动社会主义文化大发展大繁荣。”要完成这些任务，需要按照政企分开、政事分开原则，推动政府部门由办文化向管文化转变，理顺党政部门与文化企事业单位的关系，建立党委和政府监管国有文化资产的管理机构，实行管人管事管资产管导向相统一。这些只有通过深化政治体制改革才能实现。

深化社会体制改革，目的在于更好地保障和改善民生、促进社会公平正义。深化社会体制改革的主要任务是构建中国特色社会主义社会管理体系，形成党委领导、政府负责、社会协同、公众参与、法治保障的社会管理体制，形成政社分开、权责明确、依法自治的现代社会组织体制。这就需要进行政治体制改革，正确认识和处理好政府与社会的关系，在社会治理中，既要发挥政府的主导和监督保障作用，又要激发社会组织活力，发挥社会组织的协同作用，改变政府对社会组织和社会治理管得过多，管理得过死的状况，从而更好地保障和改善民生，促进社会公平正义。

生态文明，是针对现代化过程中出现的环境问题而提出的一种思想理念。其核心是现代化建设不应当以破坏环境为代价，应当处理好人与自然的关系，实现人与自然和谐发展，形成人与自然和谐发展的现代化建设新格局。深化生态文明体制改革的关键是建立系统完整的生态文明制度体系。生态文明制度体系主要由源头保护制度、损害赔偿制度、责任追究制度，完善环境治理和生态修复制度组成。在现代化建设过程中，只有严格实施生态文明制度，才能建成美丽中国，实现人与自然和谐发展。建立并严格实施生态文明制度，各级党政机关是关键。这就需要改革现行政绩评估机制，树立科学的政绩观，把生态文明建设作为政绩评估的重要指标，调动各级党政机关建设生态文明的积极性。同时，进一步完善公民参与的制度平台，畅通公民参与渠道，调动公民参与生态文明建设的积极性，加强公民对生态文明制度实施的民主监督，严厉惩治官商勾结、破坏生态环境的腐败行为，等等。这些都有待政治体制改革的深化。

深化党的建设制度改革，是保持党的先进性和纯洁性，加强和改善党的领导，提高党科学执政、民主执政、依法执政水平的关键，也是顺利推进全面深化改革的重要保证。党内民主是党的生命，发展党内民主，加强民主集中制，健全党内民主制度体系，完善党的领导体制，是党的建设制度改革的主要任务。中国共产党是执政党，党的建设制度改革与政治体制改革的关系十分密切，党的建设制度改革是政治体制改革的重要内容，也是政治体制改革顺利进行和取得成功的保证。人民民主是社会主义的生命，政治体制改革的目标是“发展更加广泛、更加充分、更加健全的人民民主”，巩固和发展人民利益。由于“党除了工人阶级和最广大人民群众的利益，没有自己特殊的利益”，因此，党内民主和人民民主的利益基础是一致的。在推进党的建设制度改革过程中，需要处理好与政治体制改革的关系，既要把改革的着力点放在发展党内民主、加强党组织自身建设上，又要主意与政治体制改革的协调性，把政治体制改革目标作为党的建设制度改革的价值导向。

后　记

为学习宣传和贯彻党的十八届三中全会精神，国家行政学院中国特色社会主义理论体系研究中心和国家行政学院政治学教研部联合召开了“‘中国特色社会主义制度与政府治理现代化’理论研讨会”。国家行政学院纪委书记、机关党委书记、中国特色社会主义理论体系研究中心主任杨文明出席会议并做主题报告。来自北京、上海、天津、河北等全国行政学院系统的代表、国家行政学院相关教研部门、科研部、机关党委、纪检监察室等单位代表共50余人参加了会议。本论文集是在杨文明的主持下，由国家行政学院政治学教研部主任范文教授、副主任于军教授和副主任孙晓莉教授具体负责汇编。在论文汇编过程中治晓梅，孔新峰，等同志做了大量工作，在此一并表示谢意！

编者

2014年6月30日